语文教师小丛书

语文教师小丛书

训诂浅谈

陆宗达 著

图书在版编目（CIP）数据

训诂浅谈 / 陆宗达著．—北京：商务印书馆，2020（2025.8 重印）
（语文教师小丛书）
ISBN 978-7-100-18540-0

Ⅰ．①训…　Ⅱ．①陆…　Ⅲ．①训诂—文集　Ⅳ．①H13-53

中国版本图书馆 CIP 数据核字（2020）第 086552 号

语文教师小丛书
训诂浅谈
陆宗达　著

商　务　印　书　馆　出　版
（北京王府井大街 36 号　邮政编码 100710）
商　务　印　书　馆　发　行
北京市十月印刷有限公司印刷
ISBN 978－7－100－18540－0

2020 年 7 月第 1 版　　开本 787×1092　1/32
2025 年 8 月北京第 2 次印刷　　印张 5 7/8　插页 2

定价：49.00 元

出版说明

本馆历来重视教育，自1897年创立迄今，以“昌明教育，开启民智”为宗旨，始终肩负中国新教育出版重任，编辑出版中小学、大学各科教科书，教学参考书，师范用书，移译各国教育书籍，分类编纂，精益求精，尤为教育界所欢迎。

我们确信，无论时代潮流如何变迁，教师始终应当具备丰富的文化知识。语文学科具有基础性和综合性的特点，语文教师尤其需要广泛吸取各类有益的思想文化知识，充实自己的头脑。承载这类知识的图书品种十分丰富。那些为语文教师所公认的经典好书，蕴含着丰富的思想知识和学术价值，值得反复阅读。过去，这些书或以单行本印行，或收入其他丛书，从语文教师文化知识积累角度而言，难成系统，不便于收集和查考。为此，我们在广泛征求意见的基础上，从满足语文教师专业成长需要出发，选择语文教育相关领域中为学界所公认和熟知的大家经典，汇编成“语文教师小丛书”，陆续编辑，分辑印行，以期相得益彰，蔚为大观，既便于教师研读查考，又有利于文化积累。

晚清教育家张之洞说过："读书宜有门径。泛滥无归，终身无得；得门而入，事半功倍。"愿这套丛书能够为语文教师指示一条读书的小径。希望海内外教育界、知识界、读书界给我们批评、建议，帮助我们把这套丛书出好。

商务印书馆编辑部

2017 年 1 月

目　录

代序一

学点训诂

我主张中学语文教师要学一点训诂学。这不但对教好文言文是绝对必要的，就是对教好现代文和现代汉语也大有裨益。

训诂是我国语言学史上的一门古老的科学，是以研究古代文献词义为中心的一个门类。它最初起源于汉代，隋唐便有了很大的发展，宋代有所更新，清代达到鼎盛。到了近现代，由于科学语言学的发达，使训诂学不断克服因袭保守的弱点，逐渐走向科学化。同时，由于它在历史学、考古学、中医学、古生物学和语文教学等方面的广泛应用，便有了更大范围的普及。要想在中学教好文言文，做好提高学生文言文阅读能力的工作，教师在进修中学习古汉语语法固然非常重要，同时也应当学点训诂。因为，就古今汉语的发展来说，词汇的变化要比语法更为迅速，古今词义的差异要比古今句式的不同更为突出，教师在教学中所感到的词语方面的困难，也要比句子方面的困难更多。这些困难，就需要借助于以研究古代书面汉语（文献语言）为中心的训诂学来解决。

训诂学对中学语文教学能起什么作用呢?

第一，它可以帮助我们解决词语教学中的疑难问题。训诂可以给我们提供资料和方法，帮助我们去探索一些难解的词义。例如,《陈涉世家》一课中有“尉剑挺”一句，一般书上将“挺”解释作“拔”，认为“剑挺”是“剑拔出鞘”。但这个解释与当时情境不符。当时尉正要挞笞吴广，并无杀他的意思，何必拔剑呢？这个问题只要学生稍一追问，教师便难对答。我们根据训诂的核证，才能知道“挺”是“失”的借字，也就是“跌落”。刚巧尉的剑跌落，才给吴广杀尉的机会。再如成语“衣冠楚楚”的“楚楚”应如何解释？只有通过《说文解字》才能知道“楚”即是“黼”，当“颜色缤纷而鲜亮”讲，古代文献都写作“楚”，原是个假借字，但通行了。再如,《冯谖客孟尝君》一课有“食以草具”之说。什么是“草具”？说法也不一致。学了训诂，我们便可用查源和系联的方法找出“草”（即“艸”）的引申义列，并知道这个词有“疾速”的意思，因而引申有“不细致”“潦草”“粗糙”的意思。“草草收兵”

的“草草”就是“急促”，“食以草具”的“草”就是“粗劣”“粗糙”。用粗劣的食具给冯谖盛饭，表示对他不恭、瞧不起。今后，文言文在语文课本中的选篇还要增多，疑难问题也会更多，如不学一点训诂，对那些难解的词义只能人云亦云，甚至别人讲了，也不会判断是否准确。这对提高教学质量确实是障碍。

第二，它可以帮助我们把词语教学系统化。过去的文言文教学，在词语这个环节上下的功夫是不小的。但是跟有些老师谈起，他们总感到词语教学比较零乱，老师教一个，学生会一个，全凭单个单个的积累，似乎找不到合适的方法来驾驭它。产生这个问题的原因，恐怕还是因为对词义的规律掌握不够、缺乏理论的认识造成的。其实，我国古代的训诂学，早已对词义的存在形式和变化规律做过很多探讨，也总结出不少理论。运用这些理论，对词语教学的系统化是有很大好处的。例如，通过本义来统帅引申义列的办法，便是掌握多义词的极好方法。尤其是出现频率比较高的常用词，更需要系统掌握词义，否则，多个义项，多种翻译，便会弄得学生莫衷一是。其他如掌握假借字、掌握异读的方法，也都需要懂得一些规律，才能帮助学生以简驭繁、举一反三。

第三，它可以帮助我们丰富知识、了解古代的生活与生产，以便对文意理解更深入。很多文言文所以讲不准确、讲不生动，往往因为只是机械地寻求古今词句的对当关系，而不能从当时的生活出发，讲出其中的语气和情态，而要做到这一点，弄清古代生活和生产的实况是非常重要的。例如，讲《国殇》和《曹刿论战》，便需明了古代战场的情况和车战的具体情况；讲《鸿门宴》，又需具体描述剑、盾、戟等兵器的形状、用法，璧、斗、玦等装饰品的质地、形状，才能将项伯、樊哙、范增等人物的性格和言行讲得准确生动。这些关于典章制度和名物的第一手材料，都保存在古代的训诂里。我们应当知道遇到这些问题去查什么书，如何得到更详尽的解释，这就非学点训诂常识不可。

第四，它可以帮助我们理解和衡量别人的注释。一般说来，现代人的注释都是根据前人的注释和说法。如果前人有不同的意见，现代注释者便加以选择。要想了解某些现代人的注释，并衡量它是否妥当，便需知道他的依据。这也是训诂学所包含的范围。例如，《愚公移山》一课“曾不能毁山之一毛”，有些书将“毛”注成“草木”，这似乎是对的，而《甘薯疏序》的“丽土之毛”，有人也将“毛”注成“草木”，这就错了。因为“可以活人”的不是草木而是粮食。有了训诂知识，我们便可知道“毛”训释作“草木”是根据《左传》的杜预注，而“丽土之毛”

的“毛”与杜预注的情况不同，那是“苗”的假借，指的是庄稼，不是一般的草木。又如，《狱中杂记》文中有“颇有奇羡”句，“羡”有的注作“盈余”。“羡”在现代汉语里一般作“羡慕”“欣羡”讲，没有“盈余”的意思。学点训诂，我们就会知道，“奇羡”一词来源于《汉书·食货志下》“以收奇羡”，颜师古注：“羡，饶溢也。”“饶溢”就是“盈余”。这就是中学课本注作“盈余”的依据。其他如《孟子·滕文公下》“以羡补不足”、《汉书·司马相如传》“功羡于五帝”，“羡”很明显都当“多余”讲。“羡（羡）”为什么有“多余”的意思呢？这是由它的本义引申出来的。“羡”从“羊”从“次（汶）”，“羊”是古人认为最鲜美的食物，“次（汶）”是口水，看见羊肉流口水，有“欲望”的意思。“欲望”总是多多益善，所以可引申为“多余”。正如“欲”与“裕”通，“裕”也是富足多余。运用训诂知识，我们才能找到“奇羡”一词注释的根据，并把这个词讲深讲透。

现在出版的文言文资料很多，能给教师备课以济急之资，这固然是好事，但如果教师缺乏训诂学的知识，只是盲目地东抄西抄，便很难得其精华，有时还会以讹传讹，误人子弟。

因此，我主张中学教师要学一点必要的训诂常识，高等师范院校中文系也要开一点训诂课。有人一听训诂便以为高深奥秘，不敢问津。其实，我国早期的训诂学虽然包罗万象，资料浩如烟海，又是文言文写的，直接接触这些东西比较困难，但是经过清代和现代人的努力整理，训诂学已在逐渐科学化和条理化。我们应当从学习训诂的基本原理入手，再逐步掌握更多的材料。加上具体的教学实践，我想，训诂学不但可以被更多的人所掌握，而且也会由于更多的人了解它、运用它而更快地发展起来。

我很希望大家共同努力来学习训诂学，运用训诂学，发展训诂学！

代序二

谈中学语文教学中的训诂问题

在语文教学和课外阅读中，常会遇到一些疑难问题，许多人常以“不求甚解”的办法一掠而过。这样做，必然会影响对文章的深入、准确的理解。为了更有根据地解释这些疑难问题，语文教师有必要懂得一些训诂常识。

比如，在中学语文课本《曹刿论战》一文中，有“齐师败绩”一句话，一般解释只说“败绩”就是溃败、大败。那么，大败为什么要叫“败绩”呢？这个问题，只有通过训诂去解决。

“败绩”确实是打了大的败仗的意思。《左传》写战争，对某方打了大的败仗都叫“败绩”，如“齐师败绩”（见庄公十年）、“楚师败绩”（见僖公二十八年）等。《左传·庄公十一年》说其义曰：“凡师……大崩曰败绩。”杜预注：“师徒桡败，若沮岸崩山，丧其功绩，故曰绩。”杜预的这个解释纯系望文生义。案邯郸淳《三体石经》古文“败绩”的“绩”作“𨒪”。考《说文·二卷下·辵部》“迹”字，或从足作“蹟”，籀文作“𨒪”。是石经古文“绩”字与籀文“迹”字同形。凡循道而行谓之“迹”，如是则车不能循道而行谓之“败绩”。“败绩”的“绩”应即“迹”字。春秋时代的战争以用兵车进行车战为主，因此，战争中兵车垮了是最大的败仗，是之谓“败绩”。对“败绩”的这个训释还可以从这个词并不专用于战败而得到证明。如《左传·襄公三十一年》记载郑子产的一段话，其中说：“譬如田猎，射御贯则能获禽。若未尝登车射御，则败绩厌覆是惧，何暇思获。”这是说，如果平时没有登车射御的训练，在田猎时就有车子翻倒的危险，在这里，败绩纯指车不能行。又《礼记·檀弓上》：“鲁庄公及宋人战于乘丘。县贲父御，卜国为右。马惊败绩，公队（即“坠”），佐车授绥。公曰：‘末之，卜也。’县贲父曰：‘他日不败绩而今日败绩，是无勇也。’遂死之。”乘丘之战鲁胜而宋败，则此言败绩非谓战败可知。这里很明确是说马惊车翻把鲁庄公摔下来，庄公责备卜国，而县贲父以败绩应由御者负责。由此可知，“败绩”就是车不能循迹而行，故辙乱而颠覆的意思。《曹刿论战》中“吾视其辙乱……故逐之。”这句话正是形象地写出了“齐师败绩”。这样来理解“败绩”，对长勺之战的具体状况就可以有一个形象的了解，教师虽然不必把训诂得来的过程告诉学生，但在释义时，就可以胸有成竹，执之有据了。

不只是文言文的解释需要运用训诂，很多课文中的成语，也需要运用训诂才能解释得通达流畅，还其本义。如《红楼梦》第二回“冷子兴演说荣国府”中，引用了“百足之虫，死而不僵”的成语。“僵”字如何解释，一般人都想当然地以为当“硬”字讲。这是由于人们不明“僵”的古义只好从今义逆古义，不顾“僵”与“百足”的联系，也不管冷子兴引用这一古语的用意所在。要想准确地解释这一成语从而弄清冷子兴的准确用意，只有从训诂着手。

《说文·人部》：“僵，偾也。”（小徐本作“僵，偃也。”）许慎这个训诂是根据《尔雅·释言》“斃（毙），踣（bó 箔）也；偾，僵也。”的说法，即郭璞注所说的毙踣是“前覆”，偾僵为“却偃”。其实前覆与却偃都是倒下，二义本通。故《说文·足部》“踣，僵也。”并引春秋传“晋人踣之”（襄公十四年）。又《走部》“[illegible]，僵也。读若匐。”踣与趙同字，即《尔雅》之“踣”。知前覆也叫“僵”，就是趴下。曹冏的《六代论》说：“‘百足之虫，至死不僵'，以扶之者众也。"这才真正反映了"死而不僵"的含义。在古书中"僵"作前覆讲是常用义，如《战国策·秦策四》"韩魏父子兄弟接踵而死于秦者百世矣……头颅僵仆，相望于境。"僵仆连用，说砍头而死，用头颅前覆来形容。又如《孙子算经》《夏侯阳算经》都有"一纵十横，百立千僵"的话，讲的是算筹放置的方法：百位数立着摆（百立），千位数趴着放（千僵）。这样解释之后，方可理解冷子兴引用它说明荣国府虽败落，尚未塌架，是十分生动形象的。

又如中学语文课本《叶公好龙》一课中"于是天龙闻而下之，窥头于牖，施尾于堂"这句话，如果只讲成"龙头在窗户那里探着，尾巴拖在堂上"，则对于作者所写天龙所居的位置十分含混，不能使学生得到明晰的印象。原来古代的建筑是前堂后室。《仪礼·聘礼》贾公彦疏云："凡庙之室堂皆五架，栋南北皆有两架，栋北一架，下有壁，开户。"《说文·木部》："栋，极也。"段玉裁注："极者，谓屋至高之处……五架之屋正中曰栋。"由此可知，在栋北那一架的下面有一道壁，壁的北面是室和房，壁的南面就是堂。在壁上有户。凡入室必由堂，所以孔子在评论子路时说："由也，升堂矣，未入于室也。"至于牖，则是在壁的东面所开的窗户。《说文·片部》："牖，穿壁以木为交窗也。”段玉裁注：“古者室必有户有牖，牖东户西，皆南乡。”这样，我们把牖和堂的部位弄清楚了，也就明白天龙是怎样“窥头于牖，施尾于堂”了。

由此可见，从更高的要求上说，语文教师学习训诂，实为必要。

训诂浅谈

我们祖国的文化大约有三千年上下的历史，前人给我们留下了一笔丰富多彩的文化遗产，今天我们必须批判地加以继承。不过，大部分古代著作是用古汉语记录下来的，它和现代汉语有很大的距离，在阅读和研究古代文献的时候，首先会遇到“文字”的障碍。只有突破了“文字”这一关，才能顺利地进行学习和研究工作，更好地批判和继承文化历史遗产，为建立社会主义新文化服务。

有人认为，古代文献只要经过现代汉语的翻译，文字障碍就能够被扫除，这种看法是不够全面的。我们知道，古汉语是为记录古代社会生活服务的，现代汉语是为记录现代社会生活服务的。由于古代的事物不可能完全流传到现代，现代汉语的领域和功能就有一定的限制，通过翻译不可能完全担当起沟通古今汉语的任务。所以，要想扫除研读古书的文字障碍，达到直接阅读古书的目的，最好的办法还是依靠古书的注释和使用工具书。注释可以帮助我们了解古字古语的意义，但是需要懂得注释的各种方法；使用字书、词典也需要正确地选用字义。那么，无论是了解注释或使用工具书，就都必须懂得训诂学，才能充分地发挥它们的作用。

因此，为了扩大阅读古书的领域、辨别注释的正误、充分地利用各种工具书和有效地扫除古汉语的文字障碍，我们就应该学一点训诂学的基本知识和掌握训诂学的一般规律，以便在学习和研究工作中，准确地批判地继承我国优秀的文化遗产。

一　什么是训诂学

我国传统的汉语语言学叫作“文字、训诂、音韵之学”。它把语言学所包括的内容和范围划分为三个部门。第一是文字：古汉语的研究以先秦语言为主，而这些语言是靠文字记录下来的，文字学就是研究书写形式和记录方法的，它是汉语语言学研究的基础；第二是训诂：语言是表达思想、交流思想的工具，语言的思想内容是语言的中心问题，训诂学就是以语义的分析、组合和语义的体系，以及解释语义的方法为研究的内容，尤其是研究汉语的历史语言；第三是音韵：声音是语言的表达形式，凡是古今语言、方言俗语的变化，文字的通用假借，语词的分化，特别是语音分类的知识等，都要涉及到语音，因此，音韵学就成为汉语语言学研究的第三个重点。这三个部门是相互联系，相互贯通的。首先，语言是依靠语音形式和思想内容组成了不可分割的统一体，来完成“闻声知意”的语言职能的；其次，当文字代替口头语言后，就产生了书面语言。有了书面语言，人们就可以打破口头语言在时间、空间方面所受的限制，完成“前人所以垂后，后人所以识古”的语言作用。中国传统的语言学主要是研究古代的书面语言，所以它把三个部门联系起来，作为语言研究的全部内容，这是汉语语言科学的特殊的民族风格。

训诂学是汉语语言学里研究语言思想内容的一门学科，也就是语义学。由于“语义”不能脱离“文字”和“音韵”，所以训诂学必须和文字学、音韵学紧密结合。这一点必须特别加以注意。我国古代的训诂学有两种类型：一种是根据书面语言的实际材料，随文逐字做出具体的语义分析，这就是古书的注释；一种是从实际语言材料里把“语言单位”抽出来，分门别类来说明意义的体系，这就是古代的字典和词书。这两种类型的训诂书籍，在注释方面以毛亨注释《诗经》的《诗经诂训传》[①]为最早，他直接

① 毛亨，鲁人，又称大毛公，见后汉郑玄《诗谱序》。有人说他是汉初人，也有人说他是战国时人。我国古代“六经”都有“传”，如《书经》在孔子以前就有了传；孔子为《周礼》作过传；孔子弟子子夏为《礼记·丧服》作《丧服传》；《春秋》有左丘明的《左传》、公羊高的《公羊传》、穀梁赤的《穀梁传》。这些“传”都是用来发挥经义的，有叙事、通论、序录、略例等体例，和毛亨注释《诗经》、专门发挥语义的“传”是不同的，所以它叫《诗经诂训传》而不单叫“传”。

采用了“诂训”作为书名，它是《诗经》最古而完整的注释。另外，按照语义分类编集的有《尔雅》①，这是我国最早的一部字典。这两部书是我国汉唐以来研究训诂学的典范，古代学者就是根据它们来寻求训诂的方法、体例，归纳整理成为训诂学的法则的。具体地说，训诂学就是从古代的注释书和工具书（字典、词书等）里总结出来的一种工具性的学术，它和注释、工具书有着密切的联系，可是就它的性质和功能来说，又是自成体系的一门语言科学。

“训诂”两个字的意义是什么呢？

唐代学者孔颖达在《毛诗·周南·关雎诂训传疏》里说，“诂训传”就是注解的别名，是根据《尔雅》来解释《诗经》的。他说：

> 传者，传通其义也……诂者，古也。古今异言，通之使人知也。训者，道也。道物之貌以告人也。

---

① 《尔雅》的作者和年代，很多人认为在《诗经诂训传》之前，但也有人说在它之后，一直没有结论。全书共有十九篇。一、《释诂》，二、《释言》，三、《释训》，四、《释亲》，五、《释宫》，六、《释器》，七、《释乐》，八、《释天》，九、《释地》，十、《释丘》，十一、《释山》，十二、《释水》，十三、《释草》，十四、《释木》，十五、《释虫》，十六、《释鱼》，十七、《释鸟》，十八、《释兽》，十九、《释畜》。

最后综合起来给训诂下了个定义：

> 诂训者，通古今之异辞，辨物之形貌，则解释之义尽归于此。

此外，他还认为《诗经诂训传》和《尔雅》两部书就是训诂法则的具体体现。这一段话不但说明了“诂训传”的意义，并且告诉我们，“诂”和“训”是解释语义的体例。什么是“诂”呢？孔颖达说“诂”就是沟通“异言”的方法。所谓“异言”，就是同一事物因为古今、地区不同而称呼不同。比如《尔雅·释天》：

> 夏曰岁，商曰祀，周曰年，唐虞曰载。

“岁”“祀”“年”“载”都是标识时间的名称，但是因为年代不同，称呼也不一样，这就是古今的“异言”。又如《经典释文》：

> 楚人名火曰燥，齐人曰燬，吴人曰焜。

“火”“燥”“燬”“焜”同是一种事物的名称，但是因为地区不同，名称也不一样，这就是地区的“异言”。同一事物的名称，因为历史条件而产生了“异言”，生在后代的人就不能了解古代的语言，所以必须用今语解释古言；同一事物的名称，因为地区称呼不同而变为“异言”，生在甲地的人就不能了解乙地的语言，所以也必须用标准语来解释方言。“诂”就是为了沟通古今、地区的“异言”的方法。它的解释的形式，是用“异言相代”[①]，也就是用一个词注释另一个词。什么是“训”呢？孔颖达说“训”是道“形貌”的方法。所谓“形貌”，就是词的含义。一个词有一个词的含义，一个词用在句子里有时又有它的特定的意义。道“形貌”就是把词的含义或在句中特定的意义用最具体最形象的语言，把它描绘出来。比如《尔雅·释训》：

> 擗，拊心也。
>
> 緎，羔裘之缝也。
>
> 丁丁、嘤嘤，相切直也。
>
> 蔼蔼、萋萋，臣尽力也。

① 扬雄：《方言》卷十《代语》里，郭璞注：“凡以异语相易谓之代也。”

这种解释词义的形式，就是“训”的体例。

近代学者黄季刚先生更从“诂”和“训”的语源方面来推求“诂”“训”的意义。他说，“诂”就是“故”，“本来”的意思；“训”就是“顺”，“引申”的意思。因为“诂”这个词是从“故”派生出来的，所以东汉许慎在《说文解字》① 里说：

诂，训故言也。

汉代人常把“诂训”两个字写作“训故”。说明“故”就是“诂”的语源。“训”这个词是从“顺”分化出来的，所以魏代张揖在《广雅》里说：

训，顺也。

说明“顺”就是“训”的语源。依照黄季刚先生的说法，一个词通常不仅只有一个含义，而常常会在不同的语言环境里反映出不同的含义。比如“陆”这个字，一般都指

① 许慎，东汉时代的文字学家，他写的《说文解字》是我国第一部有科学系统的分部首的字典。

“高而平的地方”，但是在《庄子·马蹄》里“翘足而陆”的“陆”，就表现为“跳跃”的意思；又如“理”这个字，本来是“治玉”的含义，但在《管子·小匡》里“弦子旗为理”的“理”，却是指的“法官”，而《离骚》“吾令蹇修以为理”的“理”，又是指的“使臣”。这种一词多义的现象，乃是词义发展变化的必然规律。对于这个规律，“训诂”首先要推求它的“原始”——“本义”，也就是本来的词义；然后联系它的发展变化的线索，找出这些不同于“本义”的意义，这就是所谓“引申”。这样，由“本义”和“引申义”组成了一个“词义系统”。所以说，训诂的任务，一方面要解释“本义”，一方面又要说明“引申义”。凡是解释“本义”的就把它叫做“诂”，“诂”就是推源求故来说明“本义”的方法；凡是说明“引申义”的就把它叫做“训”，“训”就是顺循着词义的发展线索来说明“引申义”的方法。

毛亨在《诗经诂训传》里，也贯彻了推求本义和说明引申义的两个内容。比如《诗经·大雅·大明》：

挚仲氏任，自彼殷商，来嫁于周。曰嫔于京。

《毛传》说：“京，大也。”这一段话是说挚国任姓的第二个女儿从殷商来嫁给周国王季（文王的父亲）的事情，“嫔”当“妇”讲，“嫔于京”本来是说“挚国任姓第二个女儿到周国的首都来作媳妇”。但是毛亨不把“京”解释为“京师”（首都），而解释为“大”，因为他认为“大”是“京”的本义，“京师”却是“京”的引申义。何况“京”当“京师”讲，是人人都知道的，不需要再做什么解释。所以，用“大”来解释“京”，就是推求“京师”命名的本源。又如《诗经·鲁颂·閟宫》：

> 三寿作朋，如冈如陵。

《毛传》说：“寿，考也。”“三寿”就是“三卿”。这一句话说“鲁国用了贤人做三卿来辅佐鲁侯，从而使国家巩固得像山冈丘陵一样”。但是毛亨不用“三卿”解释“三寿”，而只拿“考”来解释“寿”。“考”也就是“老”，因为“老”“考”“寿”三个字实际上是一个语音的分化。周代天子的“三公”称“老”，诸侯的“三卿”也称“老”，大夫的“家臣”称“室老”，所以“老”又是当时长官的称号。毛亨用“考”解释“寿”，是在于说明“三寿”为“三卿”的本源，因为说明了“寿”字的本义，“三寿”就是“三卿”的道理也就明确了。上面两个例子都是“诂”——说明本义的方法。再如《诗经·鄘风·君子偕老》：

子之清扬。

《毛传》说：“清，视清明也。”“清”本来是清朗、清洁的意思，因为《诗经》中常用“清”来代替“眼睛”，用“扬”来代替“眉毛”。所以毛亨用“视清明”三个字来说明《诗经》用“清”当“眼睛”的引申义的线索。“清”和“明”意义相近，都可以当“眼睛”讲。《礼记·檀弓上》：“子夏丧其子而丧其明”里的“丧明”，就是“瞎了眼睛”的意思。这里毛亨添了个“明”字来说明“清”，又用“视”字来说明“清”和“明”引申成“眼睛”的原因。又如《诗经·小雅·六月》：

比物四骊。

《毛传》说：“物，毛物也。“物”的古义本来当“旗帜”讲，这里的“物”却是指马的颜色。“比物四骊”，就是“按照马的颜色选出来四匹深黑色的马”的意思。毛亨用“毛物”来说明马的颜色，实际上“毛物”就等于“毛色”。

他是从“物”的引申的线索来加以解释的。上面这两个例子，都是“训”——说明引申义的方法。

这种推求语源、解释引申义的训诂方法，从毛亨的《诗经诂训传》里可以找到很多例子。许慎在《说文解字》里，不但全面地解释了汉字的形体结构和字形字体的发展变化，而且还阐明了古今的训诂，确定了“本义”“引申义”的标准。他先用字形结构确定“本义”，又从而疏通“引申义”的线索。比如，他解释“东西”的“西”说：“卥（西的篆文），鸟在巢上。日在西方而鸟栖，故因以为东西之西。”“西”这个字，现在一般用作方向名词，许慎根据字形结构，指出上面的“乁”是“鳥”（鸟的篆文）的简省的形状；下面的“囟”是鸟巢的形状，表示了鸟在巢中停息休止的意义。所以“西”“栖”“棲”是一个字的三种不同写法。“西”呢？本来只是象征“停息”的意思，但是由于古代辨识方向，都是依太阳的升落来测量东西，又以星斗的方位来测量南北（因为太阳在东方升起，西方降落），所以太阳发动的方向就被定为东方；太阳“停息”（降落）的方向就被定为西方，这就是东、西两个字的引申的线索了。

我们把“诂”“训”的含义分别作了解释，是为了学习上的方便。实际上从汉代把《诗经诂训传》的“诂训”

变为“训诂”以后[1]，“诂”和“训”两个字的意义的界限就混同起来，不再有这种分别，成为一个语义学的专门名词，也就是我们现在所说的“训诂学”了。

通过上面的讲解，我们对训诂学的内容、作用会有一个粗浅的了解。我们知道训诂学这门语言科学，在我国已有了很长的历史了。训诂研究从两汉开始，到清代就逐渐发展成为独立的学科。清代学者在语言文字的研究方面，有突出的贡献。首先是建立了汉字形、音、义的完整体系，而且创造了以“因音明义、以义证音”为通晓古代语言的途径。其次是运用语言文字规律来研讨古训，注释古代的经典著作，进一步考订了汉唐时代注疏里的遗漏和错误。因此，清代学者三百年努力的成果，可以说是集中地发展了训诂学。

清代研究先秦古书有两个派别，一派是以惠栋为代表的“钩沉”[2]派。这一派以辨识古训、疏明古义为主。目的是：运用语言文字科学，来阐明古书上没有弄明确的理论问题和具体问题，使学者们能进一步理解训诂学。另一派

---

① 有汉代贾谊的《左氏传训诂》、鲁申公的《诗训诂》等（见《汉书·儒林传》）。

② 钩沉，出于《易经·系辞传》：“钩沉稽远。”意思是提取已经消失的东西，也就是说使沉没的东西显露出来。

是以戴震为代表的“订误”派。这一派以纠正旧注、创立新说为主。目的是：发展语言文字科学，批判旧注、发明新义，从而提出自己的新理论（如《孟子字义疏证》），使训诂学进一步提高。清代训诂学家段玉裁、王念孙、俞樾等人都属于后一派。他们给我们今天研究训诂、理解古书打下了基础，同时给历史语言学积累了很丰富的资料。

清代的训诂学研究，整理和提高了汉代学者的训诂学书籍的质量。他们一方面研究汉代对古书的注释，搜集古训，而且从毛亨的《诗经诂训传》里归纳出了训诂的法则和条例；另一方面研究《尔雅》《说文解字》等训诂专书，提炼训诂学的理论。从《诗经诂训传》《尔雅》到《说文解字》，不但是训诂书的部数加多了，而且还有另外一个非常值得重视的趋向，训诂学著作由附属于经典、随文解义而走向独立的语言文字学的专著。清代最盛行的朴学①的发展史，实际上也有同样一个过程，即“小学”（语音文字学）由经学的附属学科而成为独立的学科。这也是本书要讲的一项重要的内容。

---

① 朴学这个名词，最早见于《汉书·儒林传》，它是和“文学”相对而提出来的。清代学者把考订古书、研究语言文字等学科都叫做“朴学”。

二　训诂学的内容和方法

一般谈到训诂学，认为不过只是讲些字义和词义，这种了解是不够全面的。训诂固然主要是讲字义和词义，“训诂”两个字也是解释字义和词义的两种方法，但是如果从训诂学的全部内容来看，那就绝不仅仅是解释字义和词义的问题了。

从训诂的历史来看，训诂学本来就要对整个具体的语言作出分析和解释的。比如《大戴礼记·小辨》上说：“尔雅以观于古，可以辨言矣。”这里的“尔”当“依据”讲；“雅”是“雅言”[①]，就是“标准语”的意思；“古”就是“训诂”。这句话的意思是：“依靠‘雅言’，用训诂学来观察，

① 雅言，见《论语·述而》：“子所雅言，诗书执礼皆雅言也。”雅，就是“夏”字，夏是国都，雅言就是国都语，也就是标准语。

就可以了解语言的全部内容。”这里谈到“雅言”，谈到明辨整个语言，这就说明训诂学不仅仅是限于字义和词义的范围了。或者更简单地像黄季刚先生所说的，“用语言来解释语言”就是训诂学。

训诂学的内容和方法，是很丰富的，根据前人的研究，它大致包括了下列几个方面：

（一）解释词义

训诂学虽然不是单纯为了解释词义（包括字义），但是词义是解释语言的基础，所以训诂不但不能脱离词义，而且解释词义还是训诂学的重要内容。

关于古代汉语的词义，我们用什么方法去解释？从什么角度去解释呢？这是研究词义所要解决的问题，也就是训诂学要解决的问题。训诂解释词义的方法，归纳起来，最主要的约有三种方式：

1．互训："互训"是用意义和用法相同或者相近的两个或两个以上的词相互解释的意思。训诂首先从同义词的调查研究工作入手，在实际的语言材料里找出同样环境中的“词”，通过比较、综合，然后用来“互训”。这样，“互训”实际上就是实际语言的比较。《尔雅》解释《诗经》的词义就常常采用这种方法。比如《尔雅·释诂》：

疑，戾也。

用“戾”解释“疑”，它的根据就是《诗经》的《小雅·雨无正》的“靡所止戾”和《大雅·桑柔》的“靡所止疑”这两句诗。这两句话，都描述了国家灭亡，人民没有安定处所的情形。在这里“戾”和“疑”都表达了“安定”的意思。所以《尔雅》就根据这两篇的实际语言材料，认为他们的语言环境相同，意义相近，“戾”和“疑”就可以“互训”了。又如《尔雅·释诂》：

询、度、咨、诹，谋也。

把“询”“度”“咨”“诹”都解释为“谋”，它的根据就是《诗经·小雅·皇皇者华》中第二章的末句“周爰咨诹”、第三章的末句“周爰咨谋”、第四章的末句“周爰咨度”、第五章的末句“周爰咨询”等几句话，其中“咨诹”“咨谋”“咨度”“咨询”都当“访问”讲，所以“咨”和“诹”“谋”“度”“询”就是同义词的复用了。《尔雅》把这些语言材料加以综合，就把它们做成了“互训”。

上面两个“互训”的材料，是从《诗经》一部书里比较出来的。但是比较方法的运用，并不限于一部书，还可以运用于同一部书的不同版本，甚至于不同的书籍。这样，就更能反映出古今用词和词义内容的发展变化来。《尔雅》里的“互训”就大量运用了古和今的对比方法。再如，司马迁在《史记·五帝本纪》中引用了《书经·尧典》，但在用字、用词和语法方面，都和《书经·尧典》的原文有很多不同。这是因为司马迁用汉代语言和语法翻译了《书经》的语言，产生了古今的“异言”，所以《尔雅》就把它们综合对比作成了“互训”的材料。先请看《书经·尧典》的原文：

协和万邦。……钦若昊天。历象日月星辰。……宅嵎夷。……寅宾出日。……厥民析。……允釐百工。庶绩咸熙。……共工方鸠僝功。……有能俾乂。……方命圮族。……师锡帝曰。……帝曰：俞。……克谐以孝。……不格奸。……釐降二女于妫汭。

再来看《史记·五帝本纪》的译文：

合和万国。……敬顺昊天。数法日月星辰。……居郁夷。……敬道日出。……其民析。……信饬百官。众功皆兴。……共工旁聚布功。……有能使治者。……

负命毁族。……众皆言于尧曰。……尧曰：然。……能和以孝。……不至奸。……饬下二女于妫汭。

《尔雅》的《释诂》和《释言》把它们对应的字作为“互训”说：“格，至也。”“允，信也。”“于，於也。”“圮，毁也。”“偕，和也。”“鸠，聚也。”“庶、师，众也。”“钦、寅，敬也。”“绩，功也。”“熙，兴也。”“咸，皆也。”“历，数也。”“乂，治也。”“俾，使也。”“俞，然也。”“若，顺也。”“降，下也。”“厥，其也。”“宅，居也。”“克，能也。”……等等。如果我们用这种经过解释的词来读《尧典》，就能够比较容易地读懂了。

“互训”是两个或两个以上的词在同等地位上来互相解释的方法，所以，解释的字既可以解释被解释的字，被解释的字也可以用来解释解释的字。像《尔雅·释宫》：“宫谓之室，室谓之宫。”就是这种方法的例证。段玉裁在《说文解字注》里也说“互训”是可以倒训的。但是，我们要注意，“互训”只是在某些语言环境里对比出来的，有时并不能认为是绝对的同义词。因此，我们在应用“互训”的时候，必须精确地去辨析：这些词在哪些语言环境里可以“互训”，在哪些语言环境里不能“互训”。

从上面举的例子，可见“互训”就是实际语言的比较。这种方法也可以说是解释词义的基础。历代字典、词书的编写以及古代和现在的注释，都大量采用了“互训”的方法。

2. 推原：训诂解释词义，一方面要说明词义的发展变化，另一方面要探索词义的由来。“推原”就是根据词的声音线索，推求词义特点的训诂方法。比如，农历十二月叫“腊月”，夏至第三个庚日起有“三伏”。如果有人问，为什么要叫“腊”、叫“伏”？我们就可以对这两个字，做一番“推原”的工作了。首先，查一下历史，知道“腊”和“伏”是古代农村里的两种祭祀（腊祭在十二月举行，伏祭在夏至第三个庚日以后举行）。其次，就从研究词义的角度，进一步去探索这两种祭祀得名的原因。“腊祭”是用腊肉做祭品的意思，“腊”的命名，就是由腊肉得来，比较容易解释；“伏祭”是用“杀狗”做仪式，“伏”是由“杀狗”而得名。“杀狗”为什么叫“伏”呢？这就要进一步去推求。《周礼》上称“伏祭”叫“疈辜”。“疈”就是“副”的异体字，“伏”和“副”的古音相同，所以“伏”就是“副”的同音假借。《说文解字》说：“副，判也。”“副”就是用刀剖开的意思，也就是“杀”。现在湖北方言仍把宰杀牲口叫做“副”，说副猪、副鸡等等。这样一层一层推求，最后从声音线索探求到词义，就能弄清楚“伏”和“杀狗”的关系了。

汉代学者注释经义，在解释词义上就多采用“推原”的训诂方式。比如《诗经·召南·行露》里“何以速我狱”的“狱”字。毛亨在《诗经诂训传》里说：“狱，确也。”诗的本意是说“什么缘故把我牵涉到诉讼中去”。毛亨没有直接解释“狱”就是“诉讼”的意思，而去推求“狱”字命名的由来。他说“狱”是确定曲直的地方，也就是审判案件的地方，“狱”的命名由“确”来。他这样注解的原意，并不是要把“速我狱”讲成“速我于确”。又如《诗经·小雅·巧言》里“君子信盗”的“盗”，毛亨的“传”说：“盗，逃也。”盗是逃亡的奴隶，所以毛亨就从推求“盗”字命名的由来来进行解释。他说“盗”字由“逃”得到意义。他这样注解的原意，也并不是要把“信盗”讲成“信逃”。

汉代末年刘熙写的《释名》这部书里，更是大量应用了“声训”——用声音相同或相近的字来解释词义——来推索词的命名的意义，而且广泛地综合了各地的方音，分辨它的发音部位和方法，来探索词义的特点。比如他对“天”和“风”的解释：

天，豫、司、兖、冀以舌腹言之。天，显也。青、徐以舌头言之。天，坦也。

风，兖、豫、司、冀横口合唇言之。风，氾也。青、徐言风踧口开唇推气言之。风，放也。

这就是说，豫、司、兖、冀和青、徐等地区对“天”字或“风”字，发音虽然各不相同，意义却是相同的。这种“因声求义”的推原手段不是最可靠的方法，有时会穿凿附会，造成错误。比如《论语·八佾》记载宰我答复鲁哀公社主[①]用木材的意义。他说：“夏后氏以松，殷人以柏，周人以栗。曰：使民战栗。”因为周人的“社主”用“栗木”来做，他从声音上随便乱说，所以遭到孔子的斥责。可见推求事物命名的由来，不能凭主观臆测，否则很难令人相信。因此，运用推原方法的时候，必须从实际语言材料中，找出“信而有证”（可靠又有证据）的线索，才可以探索本源，至于“绝缘无证”（不可靠又没有证据）的事物，那千万不能勉强去推求它的本源。

3. 义界：作为“语言单位”的“词”，都是客观事物的代表。“义界”又叫“标明义界”，就是词义的界限和概括。战国时代的学者荀子说过：“名闻而实喻。”“名”就

---

① 社主，社神的牌位。

是“词”，是符号，是代表；“实”就是客观事物。这句话的意思是说“听到了词，就能知道事物的名称意义”。但是客观事物是无穷无尽的，而语言里的“词”总是有限的。因此要用有限的符号去代表无穷无尽的事物，总是不够用的。于是，语言里除了常见的事物单有自己专用的“词”来代表以外，就容易有一种把几个“词”连成一串来代表一个事物的手段。如果根据《尔雅》里“父之姊妹为姑”“姑之子为甥”的解释，那么表哥或表弟就可以叫“甥”（古代的称谓和现代习惯不同）。但是如果是表哥或表弟的妻子的哥哥的儿媳妇又该叫什么呢？恐怕只好说“甥之妻之侄妇”了。可见凡是生活里经常出现的事物，都有专用的“词”来做代表以节约语言，而不常出现的事物，就必须用已有的“词”连起来说。比如，《礼记·檀弓上》：

南宫绍（音滔，剑的套子）之妻之姑之丧。

这句话里的“南宫绍之妻之姑”就是南宫绍的母亲。在这里，“妻之姑”就是“母”的义界。至于为什么不直说“母”而用“妻之姑”这种古怪的称呼，那是因为当时是在讨论儿媳妇给婆母穿孝的问题而提出来的，必须强调一下“姑”的作用。由此可见，要代表一个客观事物，可以用一个（专用）词，也可以用一串词。这一串词就是“义界”，比如“妻之姑”，正是“母”的一个“义界”。

“词”的意义是通过概括而形成的，也是从人们生活经验中概括出来的，《荀子·正名》里说的“同实者莫不同名”，就是指的词的概括作用。因为词不仅是代表个别的客观事物，而且是代表了同一内容的许多客观事物，所以同一内容的东西只用一个词去代表。列宁在《黑格尔〈哲学史讲演录〉一书摘要》中说：“任何词（言语）都已经是在概括。”又说：“感觉表明实在，思想和词表明一般概括。”词的概括作用，发挥了词的“节约语言”的作用。因此，一个词的意义总是概括和简练的。训诂就要特别注意“词”所概括的内容和所节约的语言，每一个训诂学者都想用一句最准确、最周密、最简洁的话，把词义说出来，这也就是解释词义的第三种重要方法——“义界”产生的原因之一。

词的概括是词义构成的主要手段，而说明“义界”是了解词义的主要方法。历代的训诂书都大量应用“义界”方法来解释词义，而且有非常周密翔实的说明。比如《说文解字》卷七《旦部》里对“暨”字的解释：

暨，日颇见也。

“颇”是偏斜的意思。“日颇见”有两个含义，一个是和“日全见”相反的，说“太阳没有出来而只看见它旁射的光芒”，这是“时间”意义上的“暨”；另外一个是和“日正见”相反的，因为太阳是直射赤道，赤道南北纬度二十三度半以内就是“日正见”的地方，其他都是“日颇见”的地方，这是“方位”意义上的“暨”。这个词一方面标志了时间：太阳尚未涌出而大地上已有光亮，所谓“暨旦”的时候；一方面标志了方位：“朔暨”——最北方，“南暨”——最南方。对于这样一个有复杂内容的词义，许慎只用“日颇见”三个字就准确地概括出来了。又如《说文解字》卷十四《车部》里对“辍”字的解释：

辍，车小缺复合者。

“辍”的词义不是“停止”，而是行车中途发生障碍，修理修理再继续前进的意思。因此，引申成凡是中间暂时停止的现象就可以叫“辍”。再如《说文解字》卷二下《辵部》里对“达”字的解释：

达，行不相遇也。

凡是中途遇到任何事物都会有被阻止的可能，走一条路而没有相遇的事物，自然是通行无阻了。如此等等，就都是很正确地概括出来的词的“义界”。

“义界”这一训诂方法，必须抓住重点，概括得全面，用极形象的语言，才能把词义加以描绘，才能最准确地把词义的概括作用和所节省的语言全部体现出来。

以上三种解释词义的方法，是汉代训诂学家解释词义的主要手段，任何一个“词”都能拿这三种不同的方法去解释。但是要知道并不是某些词只能用“互训”，不能用“推原”和“义界”，或者只能用“推原”，不能用“互训”和“义界”，或者只能用“义界”不能用“互训”和“推原”。训诂书对一个词只说一种方式，只是举个例子罢了。

（二）解释文意

训诂的第二个内容，是解释文章的意义。在毛亨的《诗经诂训传》里，除去许多地方解释字义和词义以外，还有大部分不属于解释字义、词义的范围，而是说明“诗的含意”的。比如《诗经·周南·关雎》：

窈窕淑女，君子好逑。

《毛传》说："窈窕，幽闲也。淑，善。逑，匹也。言后妃有关雎之德，是幽闲贞专之善女，宜为君子之好匹。"这一段解释可分成两个部分：第一部分从"窈窕"到"逑，匹也"，这是解释"窈窕""淑""逑"的词义的。第二部分从"言后妃"到"好匹"，只是阐述这两句诗的大意。这首诗的另外两章中，"窈窕淑女，琴瑟友之"两句，《毛传》说："宜以琴瑟友乐之。""窈窕淑女，钟鼓乐之"两句，《毛传》说："德盛者宜有钟鼓之乐。"也都没有解释词义，而只总说大意。毛亨阐述诗意时用的"宜为""宜以""宜有"等，都不是《诗经》的原文，更不是解释哪个词的词义的。"宜"字仅仅在于说明"君子好逑""琴瑟友之""钟鼓乐之"等话，都是诗人的一种想望，并没有立刻成为事实。他的解释是说"如果有这样德美兼备的女子，应当做君子的佳偶，当用琴瑟之音以谐好，当有钟鼓之音以相乐"。又如《诗经·邶风·匏有苦叶》：

人涉卬否。卬须我友。

《毛传》说："人皆涉。我友未至，我独待之而不涉。以言室家之道，非得所适，贞女不行；非得礼义，昏姻不成。"这段解释也可以分为两部分：从"人皆涉"到"我独待之而不涉”是诗句的串讲，意思是说“别人渡河我不渡河，我要等待我的朋友而不渡河”。他用“我”字解释“卬”，用“待”字解释“须”，在串讲当中包括了解释词义；“以言”以下是诗意的阐述，在这里主要是发挥了这两句诗所蕴含的内容和言外之意，说明诗人斥责强暴的男子不得侵凌有正义的女子，不得强行非礼成婚，从而反映了诗人坚决反抗的强硬态度。

（三）分析句读

训诂学另一个内容是分析句读[①]。在毛亨的《诗经诂训传》里，分析句读的地方也很多。比如《诗经·邶风·柏舟》：

微我无酒，以敖以游。

《毛传》说："非我无酒可以遨游忘忧也。"毛亨用这十一个字串讲了诗的句意，不但包括了解释词义、说明句意和分析句读三件事，并且用分析句读来贯通词义和句意。在这十一个字里，说明了诗句虽然按音节分成了两句（“酒”和

① 句读（音逗），我国古代文章断句的符号和方法的名称。类似于今天标点符号的作用。

“游”押韵），但是按句意只能做一句读，意思是说“并不是我没有酒去遨游忘忧”。大家知道，我国古代诗人对现实不满的时候，常常是“携酒遨游”去逃避现实。《柏舟》篇的作者是卫国的同姓臣子，对国家有强烈的责任感，所以他表示他的忧愁，不是“携酒遨游”可以忘掉的，也就是说他的忧愁是无法逃避的。有了毛亨这个解释，我们就能分析句读，正确地理解诗意。又如《诗经·大雅·常武》：

王命卿士，南仲大祖。

《毛传》说：“王命南仲于大祖。”这是一首歌颂武功的诗。诗文里的“王”指周王，“南仲”是人名，“卿士”是南仲的元帅职衔，“大祖”就是太庙，是授予军职的地点。全句意思是“周王在太庙里任命元帅南仲”。毛亨用七个字解释了原文，这就无异告诉我们说，这两句诗的八个字虽然在音节上要在中间一顿，但是文意却上下直注，不能分开来停顿。再如《诗经·商颂·玄鸟》：

天命玄鸟，降而生商。

《毛传》说：“春分玄鸟降，汤之先祖有娀氏女简狄配高辛氏帝。帝率与之祈于郊禖而生契。故本其为天所命，以玄鸟至而生焉。”根据这段话的解释：“玄鸟降”就是春分节的别名，“高辛氏”就是汤的祖先的名字。他娶了有娀氏的女儿简狄做妻子。他俩在“玄鸟降”的节日里到南郊举行“郊禖”（祭天求子的仪式）的典礼，因而怀孕得子。这就是商的始祖契出生的传说。按照这种解释去分析诗文的句读，这八个字在音节上虽然需要在中间停顿，但是文意上却应该分为“天命”，“玄鸟降”，“而生商”三个小句子。这种分析句读的方法和作用，不但是为了辨明诗句的意义，而且指出了研究诗歌句读的一个很重要的原则，就是文意的句读和音节的句读应有不同的断法。诗歌本是一种吟咏的语言，必须节奏整齐，才便于歌唱，因而诗中多用四字为句。但这样一来，就不尽合于文意。有时文意未完，音节不妨暂时停止。像《诗经·鄘风·定之方中》：

树之榛栗，椅桐梓漆。

原意是说卫文公建筑城市，在城外道旁种了六类树——“榛”“栗”“椅”“桐”“梓”“漆”。拿语法去分析，两句中间不能停顿，但是“栗”“漆”押韵，在歌唱时就必须断成两句。因此，训诂分析句读的方法，对研究诗歌有很大的用处。它告诉我们，必须认识音节和文意两种不同性质的句读，不能陷入音节里去讲文意，也不能专靠文意去分析句读，否则就会产生错误。

（四）说明修辞手段

说明文章的修辞手段，是训诂学的第四个内容。在毛亨的《诗经诂训传》里就有很多这方面的例子。比如《诗经·小雅·车攻》：

萧萧马鸣，悠悠旆旌。

《毛传》说："言不喧哗也。"这两句本来是描述马叫的声音和旗子摇动的情况。毛亨在这里既不解释词义，也不解释事物的名称，只是说"言不喧哗"，不吵不闹的意思。他仅仅指出诗人"修辞"的目的，在于借用"萧萧马鸣，悠悠旆旌"来渲染军队出征时"有闻无声"的那种严整气氛。又如《诗经·小雅·苕之华》：

牂羊坟首，三星在罶。

《毛传》说："牂羊坟首，言无是道也。三星在罶，言不可久也。”这两句诗是两种不同的“比喻”手段，一种是“隐语”——“歇后语”。第一句里的“牂羊”是母羊，“坟首”是大脑袋。“牂羊坟首”，意思是大脑袋的母羊。但是，大家知道，只有公羊才是大脑袋的。说大脑袋的母羊，等于说“没有那么回事”一样。第二句是另一种比拟写法。“三星”又名“心星”，在冬天天快亮的时候才出现，太阳升起就隐没；“罶”是一种用竹子编成的捕鱼工具，夜里把它安置在水堰旁边，天亮就能捕到鱼。所以“三星”可以照耀在“罶”上。“三星在罶”就是说事情不会长久了，就像三星的光明照在罶上一样不久长。

（五）阐述语法

训诂阐述语法，也是它的重要内容之一。毛亨在《诗经诂训传》里虽然没有系统地解释过语法，但是在申明句意的时候，往往把词和词，或者句和句的关系确定出来，因而就暗示出了语法的结构，阐明了语法。这种例子也是很多的。比如《诗经·小雅·常棣》：

原隰裒（音剖，聚积的意思）矣，兄弟求矣。

《毛传》说：“求矣，言求兄弟也。”“原”“隰”是人们居住的平原地区两种不同的地形，高而平的地方叫“原”，低而湿的地方叫“隰”。第一句是说“地面上的原隰地区是人类聚居的地方”，毛亨没有做什么解释。他对下一句“兄弟求矣”，却用“言求兄弟”做了解释，说明“兄弟”是“求”的宾语。尽管“原隰裒矣”“兄弟求矣”在形式上是对偶句，实际上两句诗的语法结构并不相同。上一句的“原隰”是方位词，“裒”是主要谓语。下一句里不能因为“兄弟”放在“求”的前面，就错认为它是“求”的主语。又如《诗经·大雅·思齐》：

不显亦临，无射亦保。

《毛传》说：“以显临之，保安无厌也。”这首诗是歌颂文王的政治的。根据毛亨的解释，两个“亦”字都是语气词，不表示任何意思，“不显”就是“丕显”，当“光明”讲，“射”就是“厌”字，当“厌倦”讲。意思是“文王用了光明的政治治理人民，人民才能安于教化而没有相厌的心”。这两句诗也是句法的形式相对，而语法结构并不相同的。用现代语法术语来说，就是上一句里的“不显”是“临”字的附加语，下一句里的“无射”却是“保”字的补足语。再如《诗经·小雅·吉日》：

漆沮之从，天子之所。

《毛传》说：“漆沮之水，麀鹿所生也。从漆沮驱禽而致天子之所。”这首诗是描写周王打猎的事。古代皇帝打猎必有“防”，“防”就是猎场。周代在岐周地方设猎场，“漆”“沮”是岐周附近的两条河流，两岸生着麀鹿。周王要打猎，先叫士兵把漆、沮两岸的麀鹿驱逐到天子的猎场里去。根据毛亨的解释，这两句诗表面上是平列的，而语法结构并不相同。他说“漆沮之从”的“从”字有“追逐”的意思，“漆、沮”是它的宾语，这是宾语提前的句式，“之”字是宾语提前后加的字，实质上表示了“漆沮的麀鹿”的意思；“天子之所”的“之”字是助词，“所”就是猎场。用“从漆沮”三个字来解释，这就说明了这句话不是和“天子之所”成对偶的句子。还有《诗经·鄘风·蝃蝀》：

乃如之人也，怀昏姻也，大无信也，不知命也。

《毛传》说：“乃如是淫奔之人也。”这几句诗里有四个语气词“也”。毛亨恐怕人们误解成四个平列句子，或者至少误解成三个平列结构，才作了这样的注解。他用“淫奔”来解释“怀昏姻”，这就说明了“乃如之人怀昏姻”是“大无信也”和“不知命也”的主语，这是一个判断句式。以上所举的例子，就是《诗经诂训传》里针对诗句中对偶形式的语法分析。

另外，《诗经诂训传》里解释虚词的地方也很多，他的解释有时可以帮助我们体会语言的神情。比如《诗经·召南·行露》：

岂不夙夜，谓行多露。

《毛传》说：“岂不，言有是也。”“岂”这个词，自从清代段玉裁在《说文解字注》里说了“若今语之‘难道’”后，几乎大家都这么说。其实“岂”和“难道”并不是一回事。在现代汉语里“难道”“岂非”和“岂不是”还都常说，而且都用在反诘语气里，但是它们反映了两种不同的神情。“难道”是出乎意料的，是“不好这么说吧”的意思；“岂非”是已在意料中的，“岂”就是“怎么能”，或者是“哪儿有”的意思，表示坚决的否定，“岂不”连起来就转化为肯定。所以毛亨用“有是”来解释“岂不”，这是最确当不过的了。如果我们用这个意思来解释这几句诗，那就是说：“路上露水潮湿可怕，只有这样早起赶路的人，才会有路上露水可怕的感觉。”用来比喻“没有失礼就不畏强暴”。《左传·僖公二十年》在评论随国叛变楚国是“不量力”时就引了这两句话，正是用的“早起赶路露水可怕，是自找其苦”的意思。《诗经诂训传》有时还用虚词来阐述句型，比如《诗经·郑风·扬之水》：

扬之水，不流束楚。

《毛传》说：“激扬之水可谓不能流漂束楚乎？”毛亨用了一个语气词“乎”来解释这句话，是明白地告诉我们这七个字是一句，而且是“反问句”。因为在《诗经》里的反问句是常常省掉语气词的，所以他就常常加上语气词来解释诗句。这一切都是训诂学在具体的语言解释中涉及到的语法问题，也是训诂的一种方法。

三　训诂和章句

汉代学者解释经书，往往在解释词义以外，另外再串讲一下经文的大意，他们把这种办法叫做“章句”。现在所流传下来的“章句”书，有后汉赵岐的《孟子章句》和王逸的《楚辞章句》。比如《孟子·梁惠王上》，“孟子见梁惠王。王曰：叟不远千里而来，亦将有以利吾国乎”一节，赵岐的“章句”说：“曰，辞也。叟，长老之称，犹父也。孟子去齐，老而之魏，王尊礼之。曰：父不远千里之路而来此，亦将有可以为寡人兴利除害者乎？”这一段话从“曰，辞也”到“犹父也”是逐词做的解释；从“孟子去齐”到“为寡人兴利除害者乎”则是重新串讲了句义。王逸的《楚辞章句》也是这种体例，像他对《离骚》里“朕皇考曰伯庸”这句话的“章句”，先把“朕”“皇考”“伯庸”三个词逐词做了解释，然后又总的解释这句话说："屈原言：我父伯庸，体有美德，以忠辅楚，世有令名，以及于己。"我们从这里可以了解到"章句"的体例，串讲是为了使经文的语义更加显明，句读分析更加清楚。但是，有时不恰当地加以运用，会产生用词烦琐、支离破碎的弊病。举一个例子来说明一下。比如《左传·宣公二年》有一段记载：在宋、郑"大棘"战役中，宋国主将华元被羊斟陷害后给郑国俘虏了。后来宋国用"兵车""文马"去赎他。"兵车""文马"刚送去一半，华元就逃回来了。原文里这时有一节对话：

见叔牂，曰：子之马然也。对曰：非马也，其人也。

"叔牂"就是羊斟，他问华元："你被俘是马不好的原因吧？"华元回答说："不是马，是人造成的。"对这个对话，唐代孔颖达在《左传正义》中引了服虔所根据的贾逵、郑众等三种解释。认为"子之马然"是叔牂说的话，"对曰"以下是华元说的话。这三种解释的方法都是用的"章句"体例，按说只要用上几句话就可以解释明白了，可是这三种说法[①]却处处反复地引经文，还添上很多词语，铺张篇幅。这就不能不说是“章句”的毛病了。

从上面的例子来说，无论从体例和方法上看，都可以看出“章句”和训诂学的关系。实际上古代的训诂也已经包括了“章句”的体例，并且能像“章句”一样的用辞简洁、解释明确。毛亨的《诗经诂训传》在解释词义方面，就很善于运用“章句”体例。比如《诗经·邶风·绿衣》：

心之忧矣，曷维其已。

《毛传》说：“忧虽欲自止，何时能止也。”他用“何时”解释“曷”、用“止”解释“已”，但都没有特别提出来，而是直接运用在串讲里面了。串通整句而不解释个别词

① 《左传正义》引服虔所引的三种说法是：一、贾逵说：“叔牂，宋守门大夫。华元既见叔牂，谓华元曰：‘子见获于郑者，是由子之马使然也。’华元对曰：‘非马自奔也，其人为之也。’谓羊斟驱入郑也。奔，走也。言宋人赎我之事既和合，而我即来奔耳。”二、郑众说：“叔牂即羊斟也，在先得归。华元见叔牂。牂即诬之曰：‘奔入郑军者，子之马然也，非我也。’华元对曰：‘非马也，其人也。’言是汝驱之耳。叔牂既与华元合语而即来奔。”三、另一说：“叔牂，宋人。见宋以马赎华元。谓元以赎得归。谓元曰：‘子之得来，当以马赎故然。’华元曰：‘非马也，其人也。’言已不由马赎，自以人事来耳。赎事既合而我即来奔。”

义的办法，也就是属于“章句”的体例。换句话说，章句也就应当算作训诂的一种方法。比如《诗经·王风·葛藟》：

终远兄弟，谓他人父。

《毛传》说：“兄弟之道，已相远矣。”这首诗说“王室衰微远远抛弃了自己的宗族，使兄弟们流离失所”，毛亨对“终远兄弟”的解释，也是用的“章句”的体例，但他又把“终”解释成“已”，表明是个副词，却是“训诂”的方法。上面的例子可说是一种“章句”型的训诂。

此外，还有另一种“章句”型的训诂。在一个句子里，它既不提出某个词的词义解释，串讲的时候也不涉及到这个词义，而只在串讲当中展示出和这个词有关的一些说法，使人“由此及彼”地觉察出这个词到底是怎么一回事。比如《诗经·小雅·六月》：

比物四骊，闲之维则。

《毛传》说：“物，毛物也，则，法也。言先教战然后用师。”这里毛亨解释了第一句的词义，说“按照毛色选择了四匹漆黑色的马”。而对第二句只解释了“则”字，然后就用“先教战”三个字来串讲。不论词的解释和串讲两方面都没有涉及到诗中的“闲”字。但是如果我们细细一想，在串讲中平空添出“教战”两个字来，就在于使人领会“教战”是指出了“闲之”的“之”。“闲”就是熟练的意思，这句话实际是说：“熟练了作战的法则。”又如《诗经·小雅·何草不黄》：

何人不将。

《毛传》说：“言万民无不从役。”毛亨没有解释“将”是什么，只说了“无不从役”一句话。他是想从“从役”导引出“行役”的意义，辗转地用“行”来解释“将”。这样的例子在书里也是很多的。

总之，串讲是“章句”的体例，它也是训诂的一种很好的方式。因为训诂学不仅是注释词义，而且还包括说明句意、分析句法、辨明篇章结构等等，所以我们认为可以把“章句”看成是训诂的一个方面，把它包含在训诂学里，作为训诂学的另一种形式。不过“章句”的末流，走向了烦琐主义，连篇累牍而不能说明问题。像西汉今文经师秦恭用了十几万字来解释《尧典》两个字[①]，那是一种不好的学风。但是像毛亨的《诗经诂训传》，则兼备了训诂和章句二者的长处，是注释家最优良的典范。

---

① 秦恭是西汉人，字延君。研究大小夏侯《尚书》。见《汉书·儒林传·张山拊传》。后汉桓谭《新论》："秦延君能说《尧典》篇目两字之说，至十余万言；但说'曰若稽古'三万言。"

四　训诂和表达方式

过去的学者，总认为训诂学的内容，只存在于训诂专书和大批古书的传注当中，而忽略了在古书正文里蕴藏着的许许多多“实质上”是训诂的宝贵资料。这些资料是以一种特殊的表达方式存在于正文中的，它是正文的有机组成部分，所以不容易被一般人注意。这种解释词义、阐明语法的训诂办法，不但可以避免在文外加上笺注的支离破碎的毛病，有时还可以起到条目分明、渲染周到的积极作用。而且在许多地方，还可以使语法结构变化无穷，把文章表达得更准确、鲜明和生动。这种训诂的表达方法，在古代的书籍和文章里，无论是说理文、叙事文，都可以找到这方面的例子。比如《易经·乾卦》的“卦辞”说：

乾，元、亨、利、贞。

这句话是《易经》的作者在告诉我们，“乾卦”有“元”“亨”“利”“贞”四种属性，同时，这句话也是在替“乾”字解释词义。在《易经·文言》里更明显地用了训诂方法，说：“元者，善之长也；亨者，嘉之会也；利者，义之和也；贞者，事之干也。”又如《诗谱序》所引《虞书》曰：

> 诗言志；歌永言；声依永；律和声。

这段话里“言志”“永言”“依永”“和声”也都是“诗”“歌”“声”“律”的词义的解释。再如《论语·颜渊》：

> 子曰，克己复礼为仁。
>
> 季康子问政于孔子。孔子对曰：政者，正也，子帅以正，孰敢不正。
>
> 樊迟问仁。子曰：爱人。问知。子曰：知人。

这些话里既有词义的解释，又有声音的注解。此外，在《春秋》三传的正文里还有更生动的大量例子，比如《左传·襄公二十八年》记载卢蒲癸、王何等谋杀庆舍的事情。他们预定在十一月乘庆舍到祖庙主持祭祀时动手。

事前，被庆舍的女儿——卢蒲癸的妻子卢蒲姜听见了。《左传》说：

> 卢蒲姜谓癸曰：有事而不告我，必不捷矣。癸告之。姜曰：夫子愎。莫之止，将不出。我请止之。

这几句话看起来好像只是人物对话，实际上是在人物对话当中，用“莫之止，将不出”（不叫他出来偏出来，叫他出来却不出来）的形象描写，来突出庆舍这个人的刚愎性格，因为在这几句简单的对话里，生动地刻画了庆舍的别扭性格，也就是“愎”字含义最具体的描写。这也就是用“形貌”来概括了一个词的意义的最好例证。又如，春秋时候卫灵公的长兄因为有足疾起名叫“孟絷”（古人常常用生理缺陷做名字，孟絷就是一个很典型的例子）。所以《春秋》的《左传》和《穀梁传》在记述他的事迹的同时，都给孟絷命名的含义作了解释。《左传》说：“孟絷之足，不良，能行。”《穀梁传》说：“辄者，何也？曰：两足不能相过，齐谓之綦，楚谓之踂，卫谓之辄。”“辄”就是“絷”，两个字古音相同，这里是“同音通借”。这两部书对“絷”字都运用了训诂方法来作解释，尤其是《穀梁传》用了“两足不能相过”来刻画“絷”的概念，形象就更加突出。健康人走起路来，总是左脚迈过右脚，然后右脚又迈过左脚向前进的，这是“两足相过”的姿态。孟絷的脚有毛病，走起路来只能迈一只脚跟上一只脚，一瘸一颠地向前进，所以成了“两足不能相过”的形象。这是古书正文里用训诂解释词义的最好的范例。

古书正文里，不但可以解释词义，而且也能解释语法。比如《春秋》记载过两个因雨没有按照原定时间举行的国葬：一个说到次日的日中，“而克葬”；一个说次日的日落以后，“乃下葬”。《公羊传》解释说：“‘而’者何？难也。‘乃’者何？难也。曷为或言‘而’或言‘乃’？‘乃’难乎‘而’也。”它在这里分析了“而”和“乃”两个虚词在用法上的细微区别。这种比较显明的例证，可以在古书里找到很多。此外，还有一种不大显明，但是在语言结构方面，组织更加细密；在思想表达方面，形式更为灵活的例证。比如《左传·僖公十五年》记载说：

> 庆郑曰：古者大事必乘其产，生其水土而知其人心；安其教训而服习其道；唯所纳之，无不如志。今乘异产以从戎事，及惧而变，将与人易，乱气狡愤，阴血周作，张脉偾兴，外强中干。进退不可，周旋不能，君必悔之。

这一段话是庆郑针对晋惠公在战争中使用了郑国的马驾车而说的。一开始提出了“古者大事必乘其产”，“大事”是指军事，“其产”是本国出产的马。接着就申述“其产”的特点：首先是“其产”生长在本国，熟悉本国人的意志，这样，就具备了受驯养的条件。然后在长时间受到本国人的训练之下，自然而然地会服从本国人的驾驶方法。你使用这样的马的时候，要进就进，要退就退，都能顺从你的意愿。如果“今乘异产以从戎事”，“异产”是别的国家出产的马。驾用了“异产”去作战，那“异产”又有什么特点呢？“异产”到了战场上，会由于恐惧而反常，马上就同驾驶人的意向相反，表现出来的现象是：气质乖戾暴躁，周身的血液流动也快了，血管也鼓起来了。这种现象实质上是外强而中虚。这样的马，既不能使它进退，更不能叫它作战了。在这一段话里，“生其水土而知其人心，安其教训而服习其道”，实际上是对于“其产”的注释，也就是在申说“古者大事必乘其产”的真正理由。而“及惧而变，将与人易，乱气狡愤，阴血周作，张脉偾兴，外强中干”就是对于“异产”的注释，也就是在申说“今乘异产以从戎事”的害处。所以上文接着说：“唯所纳之，无不如志。”下文接着说：“进退不可，周旋不能。”这些都是在不知不觉中，解释了上文，在修辞方面达到了语法结构错综变化的境地，也是训诂中最好的范例。再如《文选》里枚乘的《七发》：

> 于是伯乐相其前后，王良、造父为之御，秦缺、楼季为之右。此两人者，马佚能止之，车覆能起之。于是使射千镒之重，争千里之逐，此亦天下之至骏也。

这一段是叙述古代赛车的事情。古代车上一般有三个人："御者"在车的中央，掌管驾马；"车右"在右方，掌管车子行进中有无阻碍；"乘者"在左方做指挥。枚乘说，驾车以前，先由善于相马的伯乐选择了良马，然后由善于驾马的王良或造父作"御者"，大力士秦缺或楼季作"车右"，他们能把受了惊的马制止住、翻了的车子扶起来。这样去参加比赛，就可以下千镒（一镒等于二十四两）黄金的赌注，就可以竞赛于千里远的路程，这可以说是天下最好的车马了。贸然一看，谁都认为这是很地道的叙述文，但是进一步分析一下，我们就会发现，所谓"此两人者，马佚能止之，车覆能起之"都是"车右"的注释。这种注释，不但没有把正文弄得支离破碎，相反地，它和上下文都密切结合了起来，使阅读的人感到浑然一体。又如杜甫的《大历三年春白帝城放船出瞿塘峡久居夔府将适江陵漂泊有诗凡四十韵》：

老向巴人里，今辞楚塞隅。
入舟翻不乐，解缆独长吁。
窄转深啼狖，虚随乱浴凫。
石苔凌几杖，空翠扑肌肤。
叠壁排霜剑，奔泉溅水珠。
杳冥藤上下，浓淡树荣枯。
神女峰娟妙，昭君宅有无。
曲留明怨惜，梦尽失欢娱……

诗中写的通过瞿塘峡的一段情形，前四句说乘船开始启行，“窄转”以下写峡水的实况：江窄途深，峡壁耸立，树藤交错。紧接着写了“神女峰娟妙，昭君宅有无。曲留明怨惜，梦尽失欢娱”四句。我们分析一下这四句诗的结构，原来后两句却是前两句的注释。因为这里所说的“神女峰”和“昭君宅”只不过是梦里看到的、曲里听到的东西，假使没有“曲留”“梦尽”这两句,我们会认为“神女峰”“昭君宅”两句是真情实景了呢！这里实际上起的是“训诂”的作用，而形式上又保持着“排律”的格局。

在文章里运用训诂来做表达手段，不但古书中有，在近代和现代汉语里也并不少见。比如《红楼梦》第四十二回宝钗对画“大观园”的建议说：

> 这园子却是像画儿一般，山石树木，楼阁房屋，远近疏密，也不多，也不少，恰恰的是这样儿。你若照这样儿往纸上一画，是必不能讨好的。

这就是一个复合句的结构，我们可以明显地看出，从“山石树木”到“恰恰是这样儿”一段，就是头一个分句的注释。

以上这些例证，都应当看成是祖国语言的“妙用”，表现了祖国语言结构的丰富多彩，也可说这就是训诂方法的灵活运用。假使我们搜集起来，做一番比较研究，不但可以扩大训诂学的领域，而且还可以阐明语法结构的历史发展道路，增加“训诂”的实用价值。

五　怎样学习和运用训诂学

训诂学是我国研究古代汉语书面语言的一门语言科学。前面说过，它有着悠久的历史和优良的传统，前人对训诂学的研究，已经做出不少的成绩。同时，这门科学又和旁的科学部门，如与历代的社会制度、生产技术、科学文化有极为密切的联系。我们今天应该用历史唯物主义的观点和辩证唯物主义的方法，严肃地去批判继承它，从而充分运用这门科学，这对于我们今天的现代化是会有很大用处的。尤其是阅读古书和整理文化遗产，更应当把训诂学看成是一个不能缺少的阶梯。清代学者戴震在他写的《尔雅注疏笺补序》里，批评过那些“读书尚未识字，辄目训诂之学不足为”的人。当然，我们也应当承认，由于时代和阶级的局限性，历代学者在“训诂”研究里不能不反映了他们的政治观点、阶级观点和世界观。这样，就使得古代训诂学里有了狭隘的、片面的、烦琐主义的、脱离实际的东西。这些糟粕，我们更应当严肃认真地加以批判，然后才能实事求是地去吸取它的精华，来丰富我们今天的语言科学。

那么，我们怎样学习和运用训诂学的知识来阅读古书和进行研究呢？在这里提出几种最基本的方法，供读者参考。

（一）从字形结构来了解古代的词义

东汉许慎的《说文解字》是我国历史上第一部有科学系统的字典，同时，它又是收集了古文经学家[①]解说经义的一部专门著作。这部书是在总结汉代训诂学成就的基础上，依据经典的明文，仔细揣摩了语义，从生动的实际语言材料中，加以概括归纳，确定了每一个字的解释，从而发展成为有体系的字义解释。它的体例是从文字的形体结构来推原字和词的意义。因此，我们阅读古书，往往离不开《说文解字》的帮助。举例来说，比如《诗经·豳风·七月》篇“穹室熏鼠，塞向墐户”的“向”字怎么解释呢？在现代汉语里，“向”字有两个意思：一个是“方向”（名

① 古文经学家，指汉代讲古文经学的学者，是和今文经学家对称的。

词），一个是“朝着”（动词）。但是这两个解释在这里都不合适。我们可以查一下《说文解字》卷七下《宀部》：“向，北出牖也。从宀，从口。”许慎从“向”的字形分析，说这是“在屋子的北面开的窗子”。“塞向”就是把北面的窗子堵上。阴历十月，北方天气已经很冷了，堵上北面窗子是很合乎生活实际需要的。又如《左传·僖公二十三年》：

> 过卫，卫文公不礼焉。出于五鹿，乞食于野人。野人与之块。公子怒，欲鞭之。

这一段记载了晋公子重耳流亡卫国的事情。一般都把“块”解释成“土块”，这是不对的。我们想晋公子重耳向地里干活的农民要些食物吃，农民给了他一块土，这似乎是不大合乎事理的。在《说文解字》卷十三下《土部》里，“块”字写作凷，这个字形结构很像是土装在凵形的器物中，也就是说“块”本来是一种装土的器物，和“蒉（筐）”是一类的东西。根据《礼记·礼运》的注：“蒉，读为块。”我们就可以知道“块”与“蒉”是音同而义近的词，都是盛土的草制器具，最初说“一块土”等于说“一筐土”，这在《史记·晋世家》中就说得比较清楚：“饥而从野人乞食，野人盛土器中进之。”这是因为《史记》用汉代的语言翻译了《左传》那句话，“块”就被说成“土器”了。如果用现代汉语来说，就是“农民把食物放在盛土的草筐里给了重耳”，重耳却认为农民对自己不尊敬而生气了。这不是既明白又清楚吗?

上面两个例子，都是用字形结构来解释语义。汉字结构蕴蓄着古代的语义，我们现在应该充分地进行借助字形来了解古语的研究，更好地继承发扬这个工作。

（二）根据古训来分析古今词义的变化

古今词义的发展变化，有的是截然不同的，有的是部分不同的。截然不同的词义，我们固然应当辨析；部分不同的词义，更应当辨识它们的细微区别，否则，就不容易确切地理解古语，甚至会产生误解。举例来说，《左传·隐公元年》:

公曰：多行不义，必自毙。

这句话里的“毙”字，现在一般只有一个解释，当“死”讲。这样讲法在这句话里好像也说得过去，意思是“多做不义的事情，一定自取灭亡”，而且《左传》里有的“毙”字也当“死”讲。但是，实际上在这一段里，和下文“不义不昵，厚将崩”一联系起来，就讲不通了。“崩”是崩溃、垮台的意思，“不义不昵，厚将崩”是说，没有义就不能团结，人多也要垮台的。“毙”和“崩”是相对而言的。那么，把“毙”字解释成“死亡”，就不很妥当了。我们查一下《尔雅·释言》：“毙，踣也。”“踣”字是“向前仆”的意思。根据这个解释，我们就知道上面那句话确切的意思应该是：“多做不义的事，自己一定会跌倒。”“毙”是不是能当“跌倒”讲，我们还可以参看《左传·定公八年》：

> 阳州人出，颜高夺人弱弓，籍丘子鉏击之，与一人俱毙，偃，且射子鉏，中颊，殪。

这段叙述是说：鲁国围攻齐国的阳州城，阳州军队突然出城应战。鲁国勇士颜高手无寸铁，马上去夺另一个人的弓，齐将籍丘子鉏乘机从后面打击他。颜高因为正在和别人争夺弓，不能分开，于是两个人都被打倒趴下了。这时候，颜高已经把弓夺到手，一个翻身立刻向子鉏射过去，射中了他的脸，子鉏就死了。这里非常清楚地说明“毙”是“趴下”，而不是“死”的意思。从这个例子可以知道，“毙”的本义是“向前摔倒”，但也可能摔倒后永远不再起来，后来才被引申成“死”的意义了。

（三）根据古音来了解语义

从字形结构上来了解古代词义是必要的，但是在读古书时，如果字字拘守字形来讲本义，往往也是行不通的。因为用文字来记录语言，主要是记录语音。古人使用文字的时候，不可能处处都选用本字本义。所以我们应当记住“文字记录语音”这一条原则，从而认识到“因声求义”也是一种最重要的训诂方法。汉代训诂学家在注释古书时就大量应用了“声通”和“音借”，也就是“同音相代”的方法，比如《诗经·豳风·东山》篇里“烝在栗薪”的“栗”，郑玄的《诗笺》说：“古者声栗、裂同。”“栗薪”就是“裂薪”，也就是劈柴。清代训诂学家也都喜欢用声音来证明字义的通用和转借。这都是为了摆脱字形的束缚，避免“望文生义”的错误。举个例子来说，《庄子·逍遥游》：“野马也，尘埃也，生物之以息相吹也。”对这句话，晋代司马彪的“注”说：“野马，天地间气，如野马之驰。”这个解释就是严重的“望文生义”的例子。《庄子》的意思是说“鹏鸟高飞，看见许多生物在污浊的尘土当中生存”。他用的“野马”的“马”，就是《楚辞》里“愈氛雾其如壓”的“壓”。王逸的《楚辞章句》说：“壓，塵

（尘）也。”古代“马”和“塺”同音，可以互相借用。《庄子》用了“野马”和“尘埃”的重复语来加重描写那污浊的环境，司马彪却在“马”字上打主意，造成了这个错误。又如《战国策·齐策四》里“君宫中积珍宝，狗马实外厩，美人充下陈”的“下陈”，有人把它解释成“下列”，这是“望文生义”的又一个例子。因为，“狗马实外厩，美人充下陈”这两句是对偶句，“充”和“实”是同义词，都有充满的意思。“外厩”是养狗的处所，那么“下陈”也就是充满美女的处所了。再说，所谓“美女”，就是指歌伎舞伎，是用来满足帝王贵族声色之好的。秦代李斯在《谏逐客书》里也说过“饰后宫，充下陈，娱心意，悦耳目”，可做证明。我们知道，古代的宫殿有堂有庭，奏乐在“堂”（台阶上面），歌舞在“庭”（台阶下面），“下陈”是台阶下面，也就是“庭”，是歌舞的地方，因为“阶”又叫“墀”，而“陈”和“墀”古代是同音的。“下陈”原来就是“下墀”。这在《诗经》里就已经用“陈”字代“墀”字了，如《诗经·小雅·何人斯》篇：“彼何人斯，胡逝我陈。”《毛传》说：“陈，堂塗（途）也。”又《尔雅·释宫》说：“堂塗（途）谓之陈。”“堂途”是从“堂”到“庭”的路，也就是台阶。不弄清楚这些字的关系，就不会懂得这句话的意思了。

（四）掌握词义系统来灵活地解释词义

词义系统就是词的本义和引申义。历代训诂学家一般都是从字形结构上来推求词的本义的。许慎的《说文解字》用的就是这种方法。因为这是一种最根本和最主要的方法，而引申义是从词的本义发展变化而来的。我们要了解一个词，只有首先掌握了这个词的本义，才有可能了解这个词的引申义是怎样引申来的，从而才能进一步去了解这个词的不同的引申发展线索。这样，才可以说是掌握了这个词的意义系统。比如“去”这个字，《说文解字》说：“去，人相违也。”“相违”是互相离开的意思。我们就先了解到“去”的本义是“离开”。如果读到《孟子·公孙丑下》里“孟子去齐”这句话，就知道是说孟子离开了齐国。但是，“去”，又可以解释为“躲避”，像《左传·襄公二十年》：“公赋《南山有台》，武子去所。曰：臣不堪也。”这里说季子出使宋国回来，鲁襄公设宴招待，奏唱了《诗经·南山有台》的歌，表扬季子是光耀鲁国的功臣。季子马上躲避开他的席位，说：“我可不敢当呀！”所以杜预的“注”说：“去所，避席也。”“去”也可以解释为“拿掉”，像《左传·闵公二年》：“卫侯不去其旗，是以甚败。”这里说卫侯没有拿掉他的旗子，成了敌人攻击的目标，以致被杀。“去”还可以解释为“杀掉”，像《左传·闵公元年》：“不去庆父，鲁难未已。”庆父是鲁国的大夫，专横暴乱，所以说“不杀掉庆父，鲁国就不会安定的”。“去”有时又当“宽恕”讲，像《左传·宣公十二年》：“叔党命去之。”楚国的大夫叔党追赶晋国魏锜，本来可以逮捕他，现在却下命令“饶恕他”。从这些例子看，“躲避”“拿掉”“杀掉”“宽恕”等等，都是从“离开”这个意思引申来的。如果我们能把这一系列解释“去”字的系统都掌握了，那不但能比较顺利地阅读古书，而且还能进行类推，拿和“去”的词义吻合性最大的字，像“除”字等来对照，也就会发现他们有着同样的引申义。比如《左传·僖公二十八年》：“天假之年而除其害。”这是说晋公子重耳流亡外国没有死而能回国，是上天给了他年龄。他能做晋国国君是上天预先把危害他的人给“拿掉”了，这里的“除”当“拿掉”讲。又如《左传·哀公二十年》：“欲除不忠者以说于越。吴人杀之。”这里说吴王夫差杀了庆忌去讨好越国人，这里的“除”当“杀死”讲。再如《左传·昭公二十年》：“请以除死。”这是说“请求饶恕我的死罪”，这里的“除”当“宽恕”讲。而《左传·哀公元年》：“逃奔有虞，为之庖正，以除其害。”这是说夏少康逃到有虞国，给国王当厨工，来躲避危害他的人，这里的“除”，又是当“躲避”讲。从“去”和“除”的对应的意义上，同样可以引申出“拿掉”“杀死”“宽恕”“躲避”这些意义。

语言是有社会性的。词和词义的发展都是和人类的社会生活密切地联系着。因此，我们了解一个词的意义，不仅要考虑到它的形体和声音，而且还要对和这个词有关的人类社会生活情况有些了解。只有这样，我们才能更清楚、更确切地掌握一个词的意义。比如“玉”这个字，本来是一种又光亮又洁白的石头的名称。我国古代为什么在生活中特别重视这种东西呢？一方面因为玉是由外国传入的，是罕见的东西；另一方面是因为从石器时代进入铜器时代以后，石器时代遗留下来的美好的石器，也被带到了铜器时代来，成为铜器时代的人的一种爱好，而且非常重视它。他们用“玉”作为国家的珍宝；拿“玉”去祭祀天地山川；天子和诸侯都用“玉”做君臣的凭信执照；贵族们的衣饰上也佩带了“玉”，并且不能随便离开身边。在这样的社会生活里，“玉”字的词义便从“美好的石器”发展为一切美好事物的标志，引申成为“标准美”的意思了。像《书经·洪范》里“惟辟玉食”的“玉食”，就是最珍美的食物；《礼记·玉藻》里“扬休玉色”的“玉色”，就是战士在操演中表示的最威武的气概；《诗经·民劳》里“王欲玉女”的“玉女”，就是绝顶美丽的女子；《书经大传》里“莫不磬折玉音”的“玉音”，就是最庄严的国乐，等等。由此可知，词义的发展变化跟人们的社会生活有极其密切的关系，词的概念的引申，本是古代人从他们的社会生活经验里总结出来的东西。

（五）通过语言结构的分析来阐明词义和句意

分析语言结构是训诂学的工作之一。因为一个词或一个词组的意义，必须通过语法组织才能确定下来。只有正确地分析了语言结构，才能正确地理解它们的意义。《韩非子·外储说左》里讲过一个故事，说孔子解释传说中的唐尧时代的音乐家“夔有一足”的语意。它写道：

> 哀公问于孔子曰：“吾闻夔一足，信乎？”曰：“夔，人也，何故一足。彼其无他异，而独通于声。尧曰：‘夔一而足矣。’使为乐正。故君子曰：‘夔有一，足。’非一足也。”

这段话重点说明了“夔有一足”四个字的语法组织，提出它的句读分析，最后确定这句话的词义、句意。原来，鲁哀公把“夔有一足”连在一起解释成了“夔有一只脚”。他认为“一足”是个词组，是“有”的宾语，所以“一足”

就成了“一只脚”。孔子告诉他说，你误解了这句话的语法组织。“夔有一”才是一个词组，然后用“足”来作判断。孔子还引了唐尧的话说“夔一而足矣”做证明，有了这个“而”字，就把这句话的语言结构确定了。这句话的正确的解释应该是“有一个夔，就足够了”的意思。“足”是满足的“足”，并不是“脚”。由此可见，为了帮助读者正确地理解词义、句意，训诂书就常常要分析句子的语言结构。比如《诗经·小雅·小旻》：

维迩言是听，维迩言是争。

《毛传》说：“争为近言。”他指出这两句话都是在宾语提前的情况下，用“是”字的结构。又如《左传·昭公十九年》里“私族于谋而立长亲”这句话，杜预的“注”说：“于私族之谋，宜立亲之长者。”同书里“谚所谓室于怒，市于色者，楚之谓矣”这句话，杜预的“注”说：“言灵王怒吴子而执其弟，犹人忿于室家而作色于市人。”这两处的“注”都是解释古代语言结构特点——介词的宾语提前形式。前一句里的“长亲”就是“亲之长”，原句是中心语在前，定语在后。意思是“几个人在私族里谋划，决定立亲族中的长者为大夫”。后一句里的“室于怒，市于色”，则是“怒于室，色于市”的句型，意思是“在家里生的气，到街上去发作”，也就是“迁怒”。再如《孟子·梁惠王下》：“若杀其父兄，系累其子弟，毁其宗庙，迁其重器。如之，何其可也。”赵岐的“章句”说：“若此，安可哉？”（如果这样，怎么能行呢？）他用“若此”解释“如之”，用“安”解释“何其”，也是语言结构的一种分析。以上这些例子，就都是通过语言结构的分析来说明词义、句意的。

清代的训诂学家还常常用分析语言结构的方法，来订正前代人的错误注解。比如《论语·述而》里“加我数年，五十以学易。可以无大过矣”这句话，汉代何晏的《论语集解》说：“孔子年五十而知天命。以知命之年，读至命之书，故可以无大过。”他引用了《论语·为政》里“五十而知天命”（五十岁才能懂得天命）的意义，又用《易经》是“至命”的书的意思，把这句话解释成孔子“五十岁学《易经》”。他这样解释是不对的，清代俞樾在《续论语骈枝》里说，这段话“当以‘加我数年’为一句，‘五十’为一句，‘以学易’为一句。‘五’、‘十’二字承‘加我数年’而言，盖不敢必所假者几何年，故著二字言五或十也。使足成其文曰：‘假我数年，五年、十年，以学易，可以无大过矣。’则文义便自了然。因上句已有年字，故五、十下不更出年字。”他的意思说，“五十”可以有两种不同的结构：一个是偏正结构，当“五十”讲，那就是《论语·为政》的“五十而知天命”的“五十”；一个是并列结构，当“或者五，或者十”讲，这就是这一篇的正确的解释。这么一说，的确是明白得多了。

古代和现代语法，总的说起来，虽然差异比较小，但是古代的语言结构和现代的语言结构究竟是不一样的。像周秦时代文章里的语气词，有时用在句首，有时用在句中，有时又用在句尾。唐宋时代以后，就没有把语气词用在句首的了。又如语气词“其”字，在《诗经·卫风·伯兮》中的用法：“其雨其雨，杲杲出日。”（下雨吧！下雨吧！可是云彩里又钻出了明亮耀眼的太阳）就是用在句首的例子；《诗经·鄘风·蝃蝀》中的用法：“朝隮于西，崇朝其雨。”（早晨在西边出现虹彩，那么当天就要下雨了）就是用在句中的例子；《诗经·小雅·庭燎》的用法：“夜如何其？夜未央。”（夜怎么样了？夜还没有过去）就是用在句尾的例子。从这里就可以看出古今语气词的结构和语词的变化。再如现代汉语疑问句里用的语气词“吗”。这个词好像从来没有在古汉语里出现过。但是我们如果从声音的变化线索上去追究，就不难发现唐代诗人写的诗里所常用的“无”字，其实就是今天的“吗”字。

例如唐人朱庆余的诗：“画眉深浅入时无？”白居易的诗：“强能骑马出来无？”等都是。（“无”古音本来念“mā”，翻译佛教经典就是用“南无”来译“nā mā”的音。）这两句诗的意思就是“画眉的深浅入时吗？”“能勉强骑马出来吗？”再往前去查一查，先秦古书里也早已使用过语气词“无”，不过把它放在句首罢了。如《仪礼·士丧礼》谈到占卜“葬地”时说，有人为自己的父亲找葬地，“无有后艰？”；占卜“丧日”时说，“无有近悔？”这两句话就是说“往后有艰难吗？”“最近会有悔吝吗？”对于古代的语言结构，我们必须认真地去分析，不能用现代汉语的语法现象去笼统地附会它。

（六）辨明句读来正确地理解古语

分析句读是训诂学的内容之一。一句话的句读断得对不对，具体地体现了对词义和语法理解得确切不确切，甚至关系到对整个语义、句意的了解。因此，古人把“一句之误”认为是非常严重的问题。汉代学者郑玄在注释《周礼》的《宫正》《御史》两篇里，对郑众的“注”里断错的句读，给予很严厉的批评，说他“不辞”，“不辞”就是“不成话”。我们知道《礼记·学记》里提出过的古代教学方法的原则之一，就是“离经辨志”。“离经”就是断文句的句读，“辨志”就是审辨经义的内容。这里把“断句读”当作研读经文的首要任务。不过古书里的句子，究竟怎样断法，没有一定的原书可以查考，所以历代训诂学家对句读分析，是存在着不同的看法的，有时候甚至有过相持不下的争论。唐代陆德明写过一部《经典释文》，他对《诗经》《左传》《礼记》等书，除了自己注释音义以外，还列举了很多前人“断句”的不同的说法，有的还给以批评。后代的训诂学家也都对古书句读的分析用过功夫，并且做出了很多的成绩，尤其是纠正了汉唐以来各种注释中断错了的句读，一一从词义语法上来判定正误，很值得我们去参考、学习。举例来说，《左传·哀公十七年》：

卫侯贞卜。其繇曰：如鱼竀（音称，红色）尾，衡流而方羊。裔焉大国，灭之将亡。

这段话，东汉的贾逵断为“衡流而方羊裔焉”“大国灭之将亡”两句；隋代的刘炫认为卜辞的文句应该押韵，“裔焉”要单断一句。其实，这两种断句都是错误的。第一，繇辞（卜卦的“词”）是韵文，句读齐正是这类文体的特点。他们两人没有看到这一点。第二，“裔”“焉”的词义和它在语言结构里的作用是什么，他们没有理解。他们把

“裔”解释成“远”，把“焉”当成了助词。清初学者顾炎武在《左传杜解补正》里说，应当拿“裔焉大国”作一句，这才是这句话的正确的断句。因为“裔”的本义是衣边，“后裔”就是“衣边”的引申义。它当动词用的时候，同“介”一样，介和界的意义相通。而“焉”则和“于”的意思相同，是个介词。卫国北面有晋国，南面有楚国，西面有秦国，东面有齐国，这是介于大国的实况。“灭之将亡”是说卫侯将被他们所杀，国家也要灭亡。又如《史记·伯夷列传》：

岩穴之士趣舍有时若此，类名堙灭而不称，悲夫！

唐代张守节的《史记正义》断为“岩穴之士趣舍有时”“若此类”两句。清代方苞纠正了他的错误，改成现在的断句法。因为，“趣舍”当“行为”讲。这是古汉语里用反义词合成的复合词，常常概括成另一个事物。“类”是副词，表示大多数，用来说明一种普遍规律。（类作副词，三国时还有这种用法。比如曹丕的《与吴质书》：“观古今文人，类不护细行，鲜能以名节自立”）司马迁的这篇文章的中心思想是：历史上许多名人都是依靠当时社会上上层人物的宣扬才能留名于后世的。“伯夷”就是一个典型的例子，他的事迹，如果没有孔子的称扬，恐怕后人也不会知道周代初年有一个义士叫“伯夷”的了。这些话流露了他自己对古代历史不公平处的愤慨不平。所以在收尾提出了几句很有感慨的话：“没有权势的人，他的行为也有跟伯夷一样高尚的，可是大都没有被历史所称道，以致姓名事迹都消失了，这是一件多么悲伤的事啊！”由此可见，句读弄错，不但讲不通，有时还会讲错了，理解错了意思。

（七）分析篇章结构来了解文章的思想线索

篇章结构是一篇文章的组织形式，是文章中表达思想的线索。为了更好地理解文章的思想内容和表达方法，训诂学就必须分析文章的篇章结构，掌握它的组织脉络，然后才能深入地去解释语义、阐述内容。比如《论语·学而》：

> 子曰：学而时习之，不亦说（悦）乎。有朋自远方来，不亦乐乎。人不知而不愠（怒），不亦君子乎。

这短短的三句话，为什么要联成一个章节呢？《史记·孔子世家》说过：“定公立五年，……孔子不仕。退而修诗书礼乐。弟子弥众，至自远方，莫不受业焉。”根据《史记》这段记载，我们就能很好地理解这一章节的篇章结构，也可以了解这一章节的全篇大意。原来这一章就是孔子自述定公五年整理和编辑“诗书”，教育学生时的心情。“学而时习之”是指“修诗书礼乐”说的。《论语》这部书中讲到“为学”的事情，都是指孔子整理和编辑“诗书”说的。“有朋自远方来”就是指“弟子弥众，至自远方，莫不受业焉”说的。先秦时代称学生为朋友，如《孟子》一书中所说的“朋友”也都是称学生的。“人不知而不愠”就是指“不仕”说的，《论语》里说的“人知”“人不知”，是表示有没有人推荐做官的意思。如《论语·先进》：“居则曰：不吾知也。如或知尔，则何以哉？”就是说：“平常时候说，没有人举荐你做官。假如有人举荐你去做官，你能拿出什么本领来呢？”通过上面这一大段分析，可见这三句话是一个有机的联系。编写《论语》的人，因为孔子一生的事业就是编定“六经”和教育学生，所以把这一段话放在篇首，这就揭出了篇章的意义。

历代训诂学家一向注意对篇章结构的分析，他们在制定篇目、分析段落、指明线索、揭出大意等等方面，都给了我们很多的启发，使我们能够依据篇章结构的分析进一步理解文章的思想内容和文章表达线索。因此，我们读古代文章时，首先要着重分析它的篇章线索，比如《左传·僖公二十八年》叙述晋楚城濮之战后重耳主持的践土盟会的故事说：

> 晋军三日馆谷，及癸酉而还。甲午至于衡雍，作王宫于践土。

这四句话是全文篇章结构的关键。“晋军三日馆谷及癸酉而还”是城濮之战的结束语，应当连属到上一段去。“甲午至于衡雍，作王宫于践土”是下面一段文章的开端。这是因为下文有许多历史事实，如晋侯向周王报告胜利和面献俘虏、周王慰劳晋军、封重耳为伯侯、晋国留诸侯作践土之盟等，都需要一件一件写进去。所以用“甲午至于衡雍，作王宫于践土”两句，布置了一个新的场所。“甲午”这一天离开“癸酉”已经二十一天了，晋军从城濮回国，从卫辉入怀庆，渡黄河往北到衡雍，这是文章的一条线索。另外，周王听说晋军打了胜仗，也从首都北上，渡过黄河，在中途等待晋军，并且在“践土”地方建筑了王宫，践土就在衡雍附近，这是文章的又一条线索。这两条线索汇合在一起作为焦点，然后再叙述下面的事情，那就十分清楚了。这种利用两句话“承上启下”的叙事方法，使全篇局势明朗、事情显然，并且节省了许多枝枝蔓蔓的话，确是篇章结构的妙用。

（八）根据古代的文化知识来理解语言和词义

古代的文章和书籍里，反映了异常丰富的自然现象和社会生活，蕴藏着许多科学事实和文化知识，比如天文、历法、礼仪、经济、法律、服装、器物、农田水利、医药卫生，等等。训诂学的工作就是要把这些东西加以阐述，做出解释，然后才能用来分析古代语言。所以古代训诂有时又叫作“训诂名物”。比如《诗经·豳风·七月》这首诗里，有两种计算年月的方法：一种是用“日”来表示月份的方法，一种是用“月”直接来标志的方法。这两种方法所反映的气候和时间都有很大的差异，如果不小心，就会出错误。在用“日”表月份的诗中说：

> 一之日，觱发。二之日，栗烈。无衣无褐，何以卒岁。三之日，于耜。四之日，举趾。同我妇子，馌彼南亩。

大意是说“正月狂风发寒，二月寒气逼人，没有衣服御寒，怎么能度过这一年。三月修理农具，四月带着老婆孩子到田地里开始耕作”。这里说二月里忧愁“没有衣服御寒，怎么能度过这一年”，可见二月底就是年终了。但是在用

“月”表月份的诗中说：

> 七月，在野；八月，在宇；九月，在户；十月，蟋蟀入我床下。

这是用蟋蟀鸣叫声音的远近，来描写天气从暖和渐渐转向寒冷。先“在野”（野地）、后“在宇”（房子边）、再“在户”（门旁）、最后来到“床下”，十月才接近冬天。由于周代民间兼用着两种历法，这两种不同的记年月的方法，正好说明“一之日”是“周历”的“正月”，“七月”是“夏历”的“七月”。像这样的情况，有时就容易弄错，例如《孟子》这部书里用的历法都是周历，四时和月份的安排都和夏历不同。《孟子·梁惠王上》篇：“七八月之间旱，则苗槁矣。”七八月就是夏历的五六月。《孟子·滕文公上》篇里“秋阳以暴之”的“秋”，指周历七八月时的秋天，实际上就是夏历五六月时的夏天，所以有“太阳暴晒”。以上这几个例子，虽然是有关古代文化知识里历法方面的普通的事情，假如我们不弄清楚，就会影响对古书的深刻理解。

其次，语言跟人们社会生活有密切的联系。我们知道作为语言的书面记录的最基本的单位是“词”，它们都在一定程度上总结和概括地反映了人类文化知识。比如“药”

这个字，现在一般都了解是一种治病的植物，但是古代所谓的“药”，一方面虽是治病的植物，另一方面却是指的调和食物的佐料。汉代司马相如的《上林赋》：“勺药之和。”枚乘的《七发》：“勺药之酱。”张衡的《南都赋》：“归雁、鸣鷃、黄稻、鲜鱼以为勺药。”王充的《论衡·谴告》：“酿酒于罂、烹肉于鼎，皆欲其气味调得也。时或咸苦酸淡不应口者，犹人勺药失其和也。”这些文章里的“勺药”，就都是“和齐咸酸美味”的调味佐料。可见“药”可以是治病的植物，也可以是用于调食的佐料。中医处方常用咸酸苦辣各味来配合成剂，他们所用的姜、桂、乌梅等物，不也是可以用来调食的物品吗？唐代昝殷写过一部医书叫《食医心鉴》，他记载了治中风病的药方：“冬麻子半升，白米三合。”治风湿病的药方：“大豆一两，土苏半升。”治脚气病的药方：“鲤鱼一头，莼菜四两，葱白切三合。”在这些药方里，有的是药草加食物，有的简直就是食物。这就说明了服药和饮食的密切关系，也可以推知古代人民的药物治疗，实际上是由食物中发明出来的。

总之，训诂学的知识范围是很广的，它包含了丰富的内容。这里只能简单地介绍一些粗浅的基本知识，引一些例子当作示范和说明。希望这部分知识，对我们阅读古书、理解古代语言的词义和句意有些帮助。

后　记

在过去，训诂学这门科学，被人看作是一门神秘莫测、高不可攀的学问，因而影响了它的普及。作者有感于此，把自己平素所学，加以整理，简单扼要地写成了这本小册子，供阅读和整理古书的同志做参考。如有不当之处，务望读者同志指正。

作者

附录

谈一谈训诂学

目前，汉语的研究，肯定地说是有了许多成绩。但一般人感到欠缺的是：大家都把全力集中于语法理论的研究，而没有注意到它的历史发展，没有注意到它的使用特点；因此在教学当中，学生常会碰到许多困难，而感到语法教学的实用意义不大。这个问题是需要解决的。

过去大家都认为中国古代既无语法专书，也没有关于语法的完整理论；但是我认为有系统的语法专书虽然没有，可是中国很早的训诂学中，确实在许多地方涉及到语法的问题，如果加以整理和分析，是有助于汉语发展规律和汉语独具特点的了解的。所以我准备在这篇短文里介绍一下训诂学，同时也涉及到和语法相关的一些问题。

一　训诂学非单纯的词义学

一般谈到训诂学，认为不过只是讲些字义和词义，这种了解是不够全面的。训诂学固然主要的要讲字义和词义，但是一究其全部内容，决不仅仅是字义和词义的问题。

从历史来看，训诂学本是对于整个具体的语言作出分析解释。例如《诗经·大雅·烝民》：

古训是式。

郑玄笺："故训，先王之遗典也。"是"古训"即"故训"，也就是"训诂"。既然故训包括了整个的"先王遗典"，当然就不会仅限于字义或词义的解释了。又如《大戴礼记·小辨》上说：

尔雅以观于古，可以辨言矣。

"古"就是训诂，"尔雅"倒不一定是书名，意思是依靠"雅言"用训诂学来观察，可以了解其语言的全部内容。这里谈到"雅言"，谈到明辨整个的语言，当然训诂学就不仅仅是限于字义或词义的范围了。

现存的比较最早和最完整的训诂专书应该是毛亨的《诗传》(《尔雅》的时代还有争论)。毛亨解诗，以“诂训”名书。依一般理解，似专讲字义和词义了；可是不然，他除去在许多地方解释《诗经》的字义和词义之外，还有大部分不属于字义词义范围之内的。像解释诗义的，如《周南·关雎传》：

> 言后妃有关雎之德，是幽闲贞专之善女，宜为君子之好匹。

又云：

> 宜以琴瑟友乐之。

又云：

> 德盛者宜有钟鼓之乐。

这里的“宜为、宜以、宜有”都非《诗经》原文所有，也不是解释哪个词义的，毛亨特地加入，以明“君子好逑”“琴瑟友之”“钟鼓乐之”云云，实只是诗人的一种想望，非即已成现实也。其次，显示修辞的，如《小雅·车攻》：

萧萧马鸣，悠悠旆旌。《传》云：言不喧哗也。

《毛传》在这两句诗下面，既不解释词义，也不解释名物，但说“言不喧哗”是在揭出风人修辞之首，是借用了“萧萧马鸣，悠悠旆旌”，来渲染师旅出征时“有闻无声”的那种严整气氛。再其次，分析句读的，如《大雅·常武》：

王命卿士，南仲大祖。《传》云：王命南仲于大祖。

这就无异告诉我们说：这八个字虽然在音节上要在中间一顿，但文义实上下直注，不容留停。又如《商颂·玄鸟》：

天命玄鸟，降而生商。《传》云：春分玄鸟降，汤之先祖有娀氏女简狄配高辛氏帝。帝率与之祈于郊禖而生契。故本其为天所命，以玄鸟至而生焉。

根据毛亨的意思是：这八个字音节虽然要在中间停顿，但文义上应该分为“天命”，“玄鸟降”，“而生商”三个小句子（此虽古文家说，然亦未可厚非）。最后，还有解释语法的：《毛传》在许多地方，虽然没有孤立地解释过语法，但在申明句意的时候，往往把词与词或句与句的关系确定出来，因而就暗示出语法的结构，这例子也是很多的。譬如，《小雅·常棣》：

原隰裒矣，兄弟求矣。《传》云：求矣，言求兄弟也。

《传》为什么要这样呢？就是告诉我们“兄弟”是“求”的宾语，“原隰裒矣”“兄弟求矣”在形式上虽然是对偶句，可是两句的语法结构并不相同，不要因为“兄弟”放在“求”之前，就误认为它是“求”字的主语。胡承珙《毛诗后笺》上说：“经‘求’字在‘兄弟’下而传倒之者，盖谓人虽聚于原隰之中，而其所求者，惟自求其兄弟。”又如《大雅·思齐》：

不显亦临，无射亦保。《传》云：以显临之，保安无厌也。

根据《毛传》的意思是：上用显道临民，民才能安其上而无相厌之心。《毛传》也认为这两句诗句法虽然平列，而语法结构并不相同。用现代语法术语说明它：上句“不显”，应当是“临”的附加语；而下“无射”则是“保”的宾语。以上是《毛传》针对诗中对偶现象的语法解释。又如《小雅·大东》：

或以其酒，不以其浆。《传》云：或醉于酒，或不得浆。

这就告诉我们这两句是并列的复合句，是诗人用对比的手法，表示两种现象并存；而不能只从字面上理解为“饮酒者不复得浆”也。《毛传》也启示我们，并列句有的可以省掉连词。又如《郑风·扬之水》：

扬之水，不流束楚。《传》云：激扬之水可谓不能流漂束楚乎？

则明告诉我们七个字是一句，并且是“反问句”。诗中反问句是常常省掉语气词的。像《小雅·白驹》：“尔公尔侯，逸豫无期。”传云：“尔公尔侯邪，何为逸乐无期以反也？”之类，皆同样用“反问句”来解释。又如，《鄘风·蝃蝀》：

> 乃如之人也，怀昏姻也，大无信也，不知命也。《传》云：乃如是淫奔之人也。

《毛传》所以要这样解释，大约他恐怕我们因为有四个语气词“也”，就会误解为四个句子或三个句子。《毛传》用“淫奔”解释“怀昏姻”，因而证明“乃如之人怀昏姻”是“大无信也”和“不知命也”的主语。凡此种种，都是训诂学在具体语言解释中关涉到的语法问题。

二　训诂学与章句学

古人解经，往往在训释词义之外，另外再串通一次经文大意，汉人管这种办法叫做“章句”。现在所流传的，有赵岐《孟子章句》、王逸《楚辞章句》，也都是这种做法。《孟子·梁惠王上》：

> 孟子见梁惠王。王曰：“叟，不远千里而来，亦将有以利吾国乎？”赵岐《章句》云：“曰，辞也。叟，长老之称，犹父也。孟子去齐，老而之魏，王尊礼之。

> 曰：父不远千里之路而来此，亦将有可以为寡人兴利除害者乎？”

赵岐这一段自“曰，辞也”到“犹父也”是逐词作了解释，自“孟子去齐”到“为寡人兴利除害者乎”又重新贯串句义。王逸的《楚辞章句》也是这种体例，像《离骚》篇“朕皇考曰伯庸”，先把“朕”“皇”“考”“伯庸”逐词作了注解；然后又总释之曰：“屈原言：我父伯庸，体有美德，以忠辅楚，世有令名，以及于己。”本来这种“章句”的体例，为的是使经文的语义更加显明，句读分析更加清楚。至其末流，用词烦琐，支离破碎，如《左传·宣公二年》：

> 二月壬子，战于大棘。宋师败绩，囚华元……将战，华元杀羊食士，其御羊斟不与。及战……与入郑师，故败……宋人以兵车百乘，文马百驷，以赎华元于郑。半入，华元逃归，立于门外，告而入。见叔牂，曰：子之马然也。对曰：非马也，其人也。既合而来奔。

《正义》引服虔所引三说，皆以“子之马然”为叔牂之语，

“对曰”以下是华元之辞。贾逵说：

> 叔牂，宋守门大夫。华元既见叔牂，谓华元曰：子见获于郑者，是由子之马使然也。华对曰：非马自奔也，其人为之也，谓羊斟驱入郑也。奔，走也。言宋人赎我之事既和合，而我即来奔耳。

郑众说：

> 叔牂即羊斟也，在先得归。华元见叔牂。牂即诬之曰：奔入郑军者，子之马然也，非我也。华元对曰：非马也，其人也。言是汝驱之耳。叔牂既与华元合语而即来奔。

又一说：

> 叔牂，宋人。见宋以马赎华元，谓元以赎得归。谓元曰：子之得来，当以马赎故然。华元曰：非马也，其人也。言己不由马赎，自以人事来耳。

服虔所引三说，都是章句体例。按说有几句话，就可以解释明白了。可是他处处复引经文，又增添上很多的词语，这也是章句学的毛病。其实，古代的训诂学已经包括了章句的体例，并且在运用章句的时候，同时把词义包括在内，用词简洁，解释明确。像毛亨《诗经诂训传》在解释词义方面很善于运用章句体例。像《邶风·绿衣》：

心之忧矣，曷维其已。《传》云：忧虽欲自止，何时能止也。

这种串通整句，不解只词的办法，是属于章句的体例，实际上也应当算训诂的一种方法。《毛传》用“何时”解释“曷”，用“止”解释“已”，都隐含于串解之中。又如《王风·葛藟》：

终远兄弟，谓他人父。《传》云：兄弟之道，已相远矣。

论体例也是章句，而释“终”为“已”，并指明为虚词，亦即训诂之方法。像这样的例子，还能举出好多，这是一种类型。

还有，词义没有提出解释，串解也没涉及到这个词义，但在串解当中，展示了和这个词有关的一些说法，使人“由此及彼”，悟出这个词到底是怎么一回事。如《小雅·六月》：

> 比物四骊，闲之维则。《传》云：物，毛物也。则，法也。言先教战然后用师。

《传》于释词和串解二者，皆未尝涉及“闲”字，然于串解当中，凭空添出“教战”两字，使人容易领会，“教战”是揭出“闲之”的“之”，闲就是闲习教战之闲。又如，《小雅·何草不黄》：

> 何人不将。《传》云：言万民无不从役。

《毛传》于“将”无训，而云“无不从役”。盖由“从役”可以导引出“行役”的意义，是传通过“从役”而辗转以“行”释“将”。像这样的例子，也能举出好多，这又是一种类型。总之，串解是训诂的一种很好的方式，所以说章句也是训诂学的一个方面。

由此可见，训诂的终极目的，也是为了辨明章句；而较早的章句，实即训诂学的另一种形式。不过其末流走向烦琐主义，连篇累牍，而不能说明问题，像秦恭说《尧典》至十余万言（《文心雕龙·论说》“秦延君之注《尧典》十余万字”），那就无怪要为后世所诟病了。但是毛亨《诗经诂训传》则兼备训诂及章句二者之长，是注释家最优良的典范。

三　训诂可以作为古典文学表达方式的一个组成部分

过去我们总认为训诂学材料只存在于训诂专书以及大批古籍的传注当中，而忽略了在古书正文里也仍然蕴藏着许多“实质上”是训诂的宝贵资料。不过这些资料，是以一种特异的表达方式而存在于正文之中，它是正文的有机组成部分。这种施用训诂的办法，不惟可以避免文外笺注的支离破碎，有时还可以起积极作用，例如条目分明，渲染周到，而且在许多地方，可以使语法结构变化无穷，文章表达摇曳多姿。这种例证，无论在说理文，抑或是叙事文中，都可以找出许多。例如《易经·乾卦》“卦辞”：“乾，元、亨、利、贞。”在《周易》作者告诉我们乾卦有“元、亨、利、贞”四种属性的同时实际上也就是替“乾”字做了义训。在“文言”里更显著地说明：“元者，善之长也；亨者，嘉之会也；利者，义之和也；贞者，事之干也。”又如《诗谱序》引《虞书》:“诗言志，歌永言，声依永，律和声。”这里“言志、永言、依永、和声”也就都是“诗、歌、声、律”的义训。又如《论语·颜渊》:“子曰，克己复礼为仁。”又:“季康子问政于孔子，孔子对曰:政者正也，子帅以正，孰敢不正。”又:“樊迟问仁。子曰:爱人。问知。子曰:知人。”这里既有义训，也有音训。

古书正文，不但解释词义而且也解释语法。例如《左传·庄公七年》说:“星陨如雨，与雨偕也。”以“与雨偕”释“如雨”即所以说明“如”是连词。又如《公羊传·宣公八年》说:“而者何?难也。乃者何?难也。曷为或言而或言乃?乃难乎而也。”这里分析“而”和“乃”两个连词在用法上的细微区别。又如《韩非子·外储说左》:“鲁哀公问于孔子曰:吾闻古者有夔一足，其果信有一足乎?孔子对曰:不也。夔非一足也，一而足也。”这也是涉及到语法的范例。诸如此类，比较显明的例证，还可以在群经子史里找到许多。这里就不再一一胪列。

还有不太显明，实际上也是属于上举例证同一类型的，而且在语言结构组织方面更加细密，在文学表达方面更为灵活。像《左传·僖公十五年》:

> 庆郑曰：古者大事必乘其产，生其水土而知其人心；安其教训而服习其道；唯所纳之，无不如志。今乘异产以从戎事，及惧而变，将与人易，乱气狡愤，阴血周作，张脉偾兴，外强中干。进退不可，周旋不能，君必悔之。

在庆郑这一段说话当中"生其水土而知其人心；安其教训而服习其道"实际就是对于"其产"的注释，也是在解释"古者大事必乘其产"的真正理由。而"及惧而变，将与人易，乱气狡愤，阴血周作，张脉偾兴，外强中干"，又是对于"异产"的注解，也是在解释"今乘异产以从戎事"的害处。故上文接云"唯所纳之，无不如志"；下文接云"进退不可，周旋不能，君必悔之"。这些都是在申疏上文于不知不觉之中，在修辞方面尽语法结构错综变化之能事，也属于训诂的最上乘。还有《文选·七发》：

> 伯乐相其前后，王良、造父为之御，秦缺、楼季为之右。此两人者，马佚能止之，车覆能起之。于是使射千镒之重，争千里之逐，此亦天下之至骏也。

贸然一看，谁也应当认为这是很地道的叙述文，但是进一步地加以分析，我们不难发现所谓“此两人者，马佚能止之，车覆能起之”又是“车右”的最圆满的注释，然而这种注释，则不但没有把正文弄得支离破碎，相反地，它和上下文结合起来，使人读了，是非常跌宕和摇曳的。又如，杜甫《大历三年春白帝城放船出瞿塘峡久居夔府将适江陵漂泊有诗凡四十韵》：

> 老向巴人里，今辞楚塞隅。入舟翻不乐，解缆独长吁。窄转深啼狖，虚随乱浴凫。石苔凌几杖，空翠扑肌肤。叠壁排霜剑，奔泉溅水珠。杳冥藤上下，浓淡树荣枯。神女峰娟妙，昭君宅有无。曲留明怨惜，梦尽失欢娱。摆阖盘涡沸，欹斜激浪输。风雷缠地脉，冰雪耀天衢。……

这诗里“神女峰娟妙，昭君宅有无。曲留明怨惜，梦尽失欢娱”四句，后两句就是前两句的注释。因为这里所说的“神女峰”和“昭君宅”只不过是梦中看到、曲里听到的东西，假使没有“曲留”两句，则我们还认为“神女峰”两句是真情实境呢！这里实际上是执行着训诂上的任务，而形式上又保持着排律的固定格局。又如《红楼梦》第四十二回薛宝钗说：

这园子却是像画儿一般，山石树木，楼阁房屋，远近疏密，也不多，也不少，恰恰的是这样儿。你若照样儿往纸上一画，是必不能讨好的。

这一个复合句的结构使我们很明显的看出“山石树木……恰恰的是这样儿”是头一个分句的注解。

以上这些例证，都应当看成祖国文学的“妙用”，看成祖国语言结构的丰富多彩，而实际上也应当归之于训诂方法的灵活运用。假使我们好好搜集起来，不惟可以掌握祖国文学多种表现手法的能力，不惟可以扩大训诂学的领域，而且可以阐明语法结构的历史发展道路，增强它的实用价值，我想这种努力不会是徒劳的。

四 应当吸取的传统与滋养

综上所述，我们在过去的文献里，关于训诂学的资料是异常丰富的，其范围是相当广阔的，其表现形式是多彩的。它和旁的科学部门，如文学的表达方式，语言的结构，关联是密切的。只要我们对待这门学科的理解不是狭隘的、片面的、烦琐主义的、脱离实际的，那么，我相信我们今后一定会把我们的工作更向前推进一步。这篇文章所凭借的材料很有限，而且所持的理论也很浅薄，但是我希望大家能注意这些问题，并且具体向大家提出建议，今后要把我们的研究对象的领域扩大，并且尽可能跟有关的一切学术部门加强联系，把语言这门一向被人认为是较枯燥的学科，输送以应有的青春活力；把这门过去脱离实用意义的学科，恢复它长远以来就密切结合实际的优良传统，从而使祖国的语言宝库愈益丰富，并且进一步为社会主义文化建设事业服务。

一切学术文学应以训诂为址基

一切学术文学皆以训诂为址基。此不仅先秦两汉之诗文，即唐诗宋词，亦必以训诂为主，推敲诗意。我对九经三传较熟，唯不谙于诗词，但偶翻检唐诗，觉前人诠释多误，仅举三诗以为例证。

一　杜甫《曲江》

一片花飞减却春，风飘万点正愁人。
且看欲尽花经眼，莫厌伤多酒入唇。
江上小堂巢翡翠，苑边高冢卧麒麟。
细推物理须行乐，何用浮名绊此身。

此诗由伤春而写出曲江变化。首句言诗人所向往的是完整之春光，丰满之春光，也是姹紫嫣红连开之春光。若有“一片花”由整体春光中脱落，则感到减损了春色。次句言“风飘万点”，那就不只是“一片花飞”而已，而是春光受到摧残破坏，春色已一扫无余矣。此正杜甫在曲江所见到的曲江景物（风飘万点），故为“愁人”也。三四两句对偶句，“且看”与“莫厌”对，“欲尽花”与“伤多酒”对，“经眼”与“入唇”对。第三句易懂，而第四句“伤多酒”之“伤”，不易解。张相《诗词曲语词汇释》于“伤”字亦未加诠释。鄙意诗词虽以文言为主，然不摒弃口语。“伤”字即唐人方言口语，“伤”即今语“太”字，何以明之？李商隐诗曰：“柳迓眉伤浅，桃红粉太新”，此“伤”与“太”相对，而“互文见义”，可证“伤”与“太”为同义词。此应属于训诂章句范畴中事也。五六句言人生之变化，生死之规律。而最后总结春光之无常，生死亦自然变化。其所谓“物理”即变化无常之理。故勿以浮名绊此身也。

二　李义山《曲江》

望断平时翠辇过，空闻子夜鬼悲歌。

金舆不返倾城色，玉殿犹分下苑波。

死忆华亭闻唳鹤，老忧王室泣铜驼。
天荒地变心虽折，若比伤春意未多。

清人《玉溪生诗详注》引当时史事详析此诗，甚为纰缪。其误在不明此诗之主题思想。此诗骤读之，首句言“翠辇”，次句言“子夜歌”，三句言“倾城色”，又言“金舆”，四句又有“下苑”，五六两句一用陆机、陆云被刑时语：“幼时华亭闻唳鹤之事，不可得也”（非原语）。此死时之悲。二用索靖事，索靖知西晋之必亡，宫门前有“铜驼”，索靖抱之而泣，曰：“铜驼下将生荆棘矣”。此亡国之悲（《洛阳伽蓝记》有“铜驼陌”，盖纪念此事）。末句又言“伤春”，似不易明其要领。如不理解此诗之篇章结构，则不易抓着此诗之主题思想。鄙意此诗纯为悼杨贵妃而作。

平时贵妃常乘翠辇来往于曲江，今则曲江仅能听到子夜歌，子夜歌即蒿里挽死者之悲歌。首二句写曲江今昔之变化，深寄悼念贵妃之悲怀。第三句言贵妃惨死。安禄山之乱，唐玄宗李隆基偕贵妃幸蜀，途经马嵬，贵妃惨死。所谓“金舆”指帝王之车或后妃之车，乱平后玄宗回长安而贵妃早死，故曰“金舆不返倾城色”，是倾城色指贵妃明甚。第四句玉殿依旧照于下苑波水之中，而深浅异色，浓淡异形，故曰分。分是使波水分成若干颜色。宋词中用分字有依义山此诗形象。如宋人田不伐词"小雨分山"，此因雨小而山上草木着雨者深绿，未着雨处色浅，好像把山划分成若干不同色彩。此诗言玉殿照映下苑，使水波分为若干形象。三四两句结合起来即"节同时异，物是人非"之意，故写景处用"犹"字。唐人七律常常在五六两句中，抛开前文，制造另一种形象，有异军突起之势，但在七八句必须拉回旧题。宋人为诗则无此篇章结构矣。此诗前四句悼念贵妃之感情，言之尽矣。突然离开悼念贵妃，言人生最悲伤者一是生命惨遭杀害之悲哀，一是家破国亡之悲哀，故一用陆机、陆云形象地反映出死前之伤感，一用索靖事形象地说明国破家亡之伤感。末二句则将二事联系到悼念杨贵妃。"天荒地变"总结前二事为天荒地变之悲痛。"折"训悲痛。郑玄《礼记注》:"一举声而三折。"郑用痛哭声释折，故折引申训悲痛，末句"若比伤春意未多"，伤春指悼念杨贵妃。"意未多"指死生国亡之感，不如我悼念贵妃伤感之多，因为贵妃之死包括国亡人死之情尔。

三　刘长卿《长沙过贾谊故宅》

三年谪宦此栖迟，万古惟留楚客悲。
秋草独寻人去后，寒林空见日斜时。

汉文有道恩犹薄，湘水无情吊岂知。

寂寂江山摇落处，怜君何事到天涯。

此诗《唐诗三百首》已选录，旧《唐诗三百首》有注，其误谬尤甚于前二诗之注。《三百首注》不独诠词多误（如以“楚客”指屈原等），又不能阐明作者表现手法，更无法说明作者运用形象思维来用典。故不能不驳斥原注。

鄙意此诗反映出唐人诗歌另一种表达方法，即长卿与贾谊对比以见其情。首句是自述，次句言贾谊。长卿谪宦到长沙。“万古”言贾谊做长沙王太傅亦有贬官之悲。楚客指贾谊而与屈原无关。贾谊赋已收入《楚辞》，则为楚客无疑。此长卿与贾谊身世遭遇完全一样，是皆可悲也。第三句又是长卿自述，在草木凋零之时寻觅贾谊死后遗迹，但作者又见到些什么呢？“寒林空见日斜时”表面好像是写景，而实质不是完全写景。此句“日斜时”是影射贾谊所作的《鹏鸟赋》。其赋曰：“庚子日斜兮。”广言之，是贾谊留下的文学作品，所以说贾谊虽死，其文学情采永垂后世。“空见日斜时”不是一无所有，而对伟大作家形象，用“日斜时”去刻画，此所谓形象思维也。此诗如不明“日斜时”作用，则不能理解此诗。第五句指贾谊甚明，第六句又长卿自指，万古之后我吊你，你是不会知道，湘水也不会把我吊念之情传达给你。末两句则长卿与贾谊结合在一起，指明两人身世相同，遭遇相同，文学造诣相同，故相怜不能舍也。“寂寂江山摇落处”，在举世无知己的情况下，深秋草木摇落，江山空旷，异世相怜，这种情感一直到天涯海角，“何事”犹何故也，用反诘语气结尾，尤妙。

我认为应以训诂章句为址基，整理文学。无训诂章句不足以研讨文学，无文学无以加深训诂章句之理解，不知读者认为可否。

介绍许慎的《说文解字》

《说文解字》这部书，现在一般青年人已经不甚知道它。老一辈虽然有些人知道这部书，而且对这部书有比较的深刻认识，以至有过较深的研究，但今天引用它或提到它也较少。一个总的看法，是认为它用处不大。首先一个问题，是《说文》按部首编排，而这些部首又不尽同于今天通行的部首，而且次第零乱无章，检查起来，感到不便。这诚然是一个问题。但非无法补救。只要我们为它做一个很好的索引，就可以用很快的时间，查到我们想知道的一些字。同时旧字典今天还不能完全废止，这些书多半用部首编排，如果不晓得部首编排，则这些工具书也不能利用。因此学会部首编排法，也是我们今天需要的基本训练之一。更不用说旧字典部首编排，亦非尽善。由此可见，认为部首编排不便检查，从而废弃对这部书的学习，是未免近于因噎废食。

其次，有些人认为，自从金文甲骨出土以后，《说文》里许多对字形的解释动摇了。因此有些人抱着“宁学金文甲骨，不学《说文》”的极端态度。其实呢，抱这种态度的人，也是有些矫枉过正的。一个著作总有它的时代局限性，总有它的缺点，尽管《说文》是有缺点的，但是它的优点也很多。它收集了将近一万一千个字形，几乎把各种类型的字都包括进去。如果没有这部书，而设想我们能够认识三千年前的金文甲骨，几乎是不可思议的。更何况用金文甲骨驳正《说文》的地方，究占少数，而大多数都是可以互相发明，互相沟通的。试看研究金文甲骨的，谁个不精通《说文》？道理自明。

再其次，是有些人认为《说文解字》解释不够通俗，理解起来有困难。其实不仅《说文》为然，全部的先秦古籍，全部的两汉著述都有文字障碍。我们从未因为古文难懂，就不学先秦古籍两汉著述了；为什么我们仅只因为《说文》难懂，就不学《说文》了呢？何况我们把读不懂的东西读懂了，本身就是一种学习，一种锻炼。不经受一点折磨，而能掌握一门学问的人，从来就是没有的。

最后，我们也要看到另一方面，前人把《说文》看成唯一解释文字的经典著作，以为它无所不能，甚至把它的解释当做清规戒律，当做教条，无限制地滥用，以致造成拘牵穿凿，这诚然是一种流弊。但是我们需要分别清楚，这种无限制地滥用，并非原书之过，而是后人之过。作为一部专著，《说文解字》实有其巨大的历史进步意义，而且直至今天，只要我们善于掌握批判继承的原则，我们就能扬弃它的有害方面，发挥其有益的作用。

一

《说文解字》这部书大概作于后汉和帝永光十二年（公元 100 年）。西汉末年，刘歆移书让太常博士，开始了古文学派向今文学派的斗争。[①] 东汉中叶，古文学战胜今文，形成古文学全盛时期。古文和今文的斗争，一方面是政治性质的，但另一方面也是学术流派性质的。许慎是古文全盛时期的一个古文学派的健将，时人称他是“五经无双”。他在当时除作《五经异义》外，又作了一部《说文解字》

① 刘师培《国学发微》：“西汉之时，说经之儒犹抱遗经，拳拳勿失，故今文古文之争未起。自刘歆移书太常，为古文竞胜今文之始。……盖东汉之初今文之学盛行，中叶以后，则今文屈于古文。”

来捍卫古文。[1]古文今文本来是汉代儒家经典的两种不同的传本，由于根据不同，解说不同，观点不同、研究方法不同，发展成两个不同的学术流派。这两派在建武以后到东汉末年，一直进行着政治上和学术上的尖锐斗争。古文学为了压倒今文学，古文家首先提出古文字学在经学上的崇高地位。和许慎时代相近的一个古文学家卢植，曾上书说：

> 古文科斗，近于为实，而厌抑流俗，降在小学。中兴以来，通儒达士班固、贾逵、郑兴父子，并敦悦之。今《毛诗》《左氏》《周礼》各有传记，其与《春秋》共相表里。宜置博士，为立学官。[2]

卢植的意思，古文家治古文科斗，并不是孤立地研究文字，而是为了"为实"。"为实"是治理孔子经典。具体地说，古文家研究古文科斗是为了治理《毛诗》《左氏》《周礼》。而不同于一般的所谓"小学"，不同于汉初的"仓颉读者"

---

① 《后汉书·儒林传》："（慎）性淳笃，少博学经籍，马融常推敬之，时人为之语曰：'五经无双许叔重。'……以五经传说臧否不同，于是撰为《五经异义》，又作《说文解字》十四篇，皆传于世。"

② 《后汉书·卢植传》。

仅为学童识字的“小学”。流俗把它降低为“小学”是不合理的。所以应当提高这门学科的地位。许慎的儿子许冲也说道：

> 臣父故太尉南阁祭酒慎，本从贾逵受古学。盖圣人不空作，皆有依据。今五经之道昭炳光明，而文字者，其本所由生。自《周礼》《汉律》皆当学六书，贯通其意。恐巧说邪辞，使学者疑。慎博问通人，考之于逵，作《说文解字》。六艺群书之诂，皆训其意。而天地、鬼神、山川、草木、鸟兽、昆虫、杂物、奇怪、王制、礼仪、世间人事，莫不毕载。①

这一段话更足以说明许慎作《说文解字》，是为了发扬古文经典，为了解释孔子六经。许慎也一再强调“文字者，经艺之本，王政之始。”②因此，我们与其说《说文解字》是一部最古的字典，不如说这部书是以字典形式出现的古文家说经的专著。

《说文解字》共收集了文九千三百五十三，重一千

① 许冲上疏，见《说文解字》十五卷下。

② 许慎《说文解字·序》。

一百六十三，共有一万零五百一十六个字。这些形体是以古文为主，它的材料来源大部分是依据孔子家宅壁中所藏的古文经典。这些经典中的形体当然是古文。此外，许慎也采摭先秦群书，对于这些从先秦其他古书中所采的文字，他亦看作是古文。例如“疋”字下引《弟子职》曰“问疋何止”。《弟子职》是《管子》书中的篇名。但许慎接着又说“古文以为诗大疋字，亦以为足字”，则《管子》书中所用的文字亦属于古文之例。又“義”下云：“苐墨翟书义”，此虽未明言其为古文，亦非籀文、小篆，仍是以为古文之例。盖古文经典，其文字自别于籀文、小篆，而先秦古书，文字也或相似。所以许慎概以古文视之，拿来互相参证，互相发明。《说文解字·序》上说：

> 孔子书《六经》，左丘明述《春秋传》，皆以古文，厥意可得而说。

这里的“意”是文字上一点一画的意义，也就是颜之推所说的，“若不信其（《说文》）之说，则冥冥不知一点一画有何意焉”[①]。许慎的意思，是只有古文才能说清楚字形结

① 《颜氏家训·书证》。

构的意义。因此《说文解字》里解释字形时，常常有“从古文之象”“象古文之形”这类明文，这更可以说明《说文解字》对解说字形，以古文为圭臬。《说文》收辑的字体，除古文外，还有“籀文”“小篆”“今文”“俗字”，于籀文则本之王育疏证；于小篆则本之李斯《仓颉》、赵高《爰历》、胡毋敬《博学》；许慎是用“古文”“籀文”“小篆”三者彼此参互而定之，又证之于壁经《左传》。《说文·序》又说：

今叙篆文合以古籀。

实则以“古文”贯通籀篆，并不是以小篆为主，所以《说文·十卷下》“亣”下云“古文大”。《三卷下·又部》“乁”下云“古文及。秦刻石及如此。”这些例子都说明许慎以古文为标准来阐明字体的变化。

许慎对字义的解释，大部分也是依据经典明文，概括诂训。例如，《七卷上·日部》：

昌，美言也。从日，从曰。一曰，日光也。《诗》曰：东方昌矣。

“美言”之说，是从古文《尚书·皋陶谟》“禹拜昌言”得出来的解释；日光之说，是依据《诗经·齐风·鸡鸣》“东方明矣，朝既昌矣”，所以下面引诗句为证（段玉裁说，“许并二句为一句，当由转写笔误”）。并且东方亮了，朝上已经有了日光，这种说法，较毛、郑“昌”作“昌盛”讲更能切合诗意。又如，《十四卷下·阜部》：

陰，暗也。水之南山之北也。从阜，侌声。

水之南山之北为阴，则水之北山之南为阳，此依山与水判断阴阳的所在，是又根据《周礼·考工记·匠人》“凡天下之地势，两山之间，必有川焉”得出来的结论。否则“水南山北”“水北山南”反使人纠缠不清。凡此之类，都说明许慎说解是融会经文，规为义界的。

《说文·序》又云：

博采通人，至于小大，信而有证，稽撰其说。

是说文中字形字义的分析，皆有凭据，而无一言之凿空。他所谓的“通人”有许多人都是古文经学家。书中所引如班固、刘歆、杜林、卫宏、郑兴、徐巡、贾逵等都是古文经师。《说文·序》又云：

> 其称“易孟氏”“书孔氏”“诗毛氏”“礼周官”“春秋左氏”“论语”“孝经”皆古文也。[①]

是说书中的引经也都以古文为依据。总之，《说文》所收的字体和对字义的训释，以及引用经中文句，都是依据古文，以为规范。《说文》也引了今文经说三条：“乭”下云，“读若《春秋公羊传》曰乭阶而走”。“鼐”下云，“《鲁诗》说鼐小鼎”。“鬾”下云，“《韩诗传》曰郑交甫逢二女鬾服”。是知东汉古文经师，虽守家法师说，亦兼或引用今文，以广异义。[②]

---

① 易孟氏是西汉今文之学，何以许慎把它看成古文？汉代今古文有今文本与古文本的不同，又有今文师说与古文师说的不同。孟喜说是今文师说，它所根据的经本是古文本。正如西汉不见《诗经》古文本，而毛亨说诗是以师说称为古文的。

② 刘师培《国学发微》：东汉经师大抵实事求是，不立门户。许叔重治古文学，而《说文》之释姓氏也，则言“圣人无父而生”，用今文家说。《毛诗》为古文学，而郑康成作诗笺，则多采三家之说。无识陋儒斥为背弃家法。岂知说经贵当，乃古人立言之大公哉？且当此之时，经师之同治一学者，立说亦多不同。及东汉季世，师法愈严。范书谓“分争王庭，树朋私里，繁其章条，穿求崖穴，以合一家之说”，又谓“书理无二，义归有宗，而硕学之徒，莫之或徙。故通人鄙其固”。（见《后汉书·儒林传论》）此皆汉儒之固守家法也。

《说文》虽以解释六艺为主，但又触类旁通，涉及到很多古书上的问题，并不局限在经典上面。从引用书来看，孔子经典外，还有《山海经》《国语》《孟子》《老子》《墨子》《弟子职》《韩非》《司马法》《军法》《楚辞》《天老》《伊尹》《师旷》《吕不韦》《甘氏星经》《乐浪挈令》《汉律》《汉令》《汉律令》《杨雄赋》等近四十种古籍。从解释字形字义来看，说“弔”字从人持弓会敺（驱）禽之义，采自《吴越春秋》陈音之言。[①]解“亳”字“京兆杜陵亭”之说，本之《秦本纪》宁公与亳之地。[②]由此可见，这部书征引极博，故曰六艺群书之诂，皆训其意。

---

① 《吴越春秋》：陈音谓越王曰，弩生于弓，弓生于弹，弹起古之孝子。古者，人民朴质，饥食鸟兽，渴饮雾露。死则裹以白茅，投于中野。孝子不忍见父母为禽兽所食，故作弹以守之，绝鸟兽之害。故歌曰：断竹，续竹，飞土，逐肉。

② 《孙星衍与段玉裁书》：亳为京兆杜陵亭，出《秦本纪》，宁公二年，遣兵伐荡社。三年与亳战。皇甫谧云，亳玉号汤，西夷之国。《括地志》，案其国在三原始平之界。《说文》指谓此亳，非《尚书》亳殷之亳。彼亳古作薄字，在偃师。惟杜陵之亳以高名，而字从高省。”黄侃先生云，“案《史记》六国志，汤起于亳。《集解》徐广曰，京兆杜歌有亳亭。《史记》以汤起于亳，与禹兴西羌，周始丰镐并言，则史公意：国以关中之亳为即契汤之亳。《书序》云，汤始居亳，从先王居。明亳本契所封也。许君释亳以京兆杜陵当之，意同史公以亳为契汤之亳也。《说文》言地，必举其本地，而不问后来变迁之名。故郑下云，京兆县，周厉王子友所封。宗周之灭，郑徙溱洧之上，今新郑是也。今释亳以京兆杜陵为主，而不问后来之亳，犹此例也。

二

许慎作《说文解字》，其目的是解释六艺群书之诂，宣扬古文，但是这部书在语言文字学方面，也有很卓越的成就。今天讲汉语发展史、汉语词汇学和文字学仍然是经常引据的重要著作。

《说文解字》这部书的定名，是因为全书分“文字”和“说解”两个组成部分。“文字”就是全书里用篆文写的，是解释的对象；“说解”就是许慎对篆文的整个解释。

许慎对汉字体制发展先后区别为“文”与“字”两个体系。《说文·序》云：“仓颉之初作书，盖依类象形，故谓之文；其后形声相益，即谓之字。字者，言孳乳而浸多也。著于竹帛谓之书，书者，如也。”依许君看法，文字的制作是逐渐演进的。“文”与“字”标志着制造的先后，先期成立的为文；其后增多的是字。文以象形为主；字则以声音为发展方向。这一个发展的过程，说明汉字是由象形的符号发展为声音的符号的过程。由“文”而“字”，是用“相益”的方法发展起来，也就是说由独体发展为合体的。章炳麟先生《文始》又把《说文》中的“文”，分为“初文”和“准初文”二类，《文始》序曰，“刺取《说文》独体，命以‘初文’，其诸‘省变’及‘合体象形指事’与‘声具而形残’若‘同体复重’者，谓之准初文。”盖谓由“文”发展成“字”中间又有“准初文”一个阶段，这样更可以看出文字发展的道路。

许慎于文字之外，又提出“书”这个定名，这是非常重要的。许慎认为只有孤立的文与字还不能表达思想、表达意志，还不可完成代表语言的任务。必须连贯起来，组织起来，写在竹帛上才能发挥表达和交流的作用。他给连贯起来的东西叫作“书”。所以他说“著于竹帛者谓之书”。“书者如也”是说“书”才成为符合志意的表达工具。也就是说文字必须依照语言法则组织起来才能表达意志、交流思想。许慎这种说法是受《荀子·正名篇》的影响。《荀子·正名篇》：

> 名闻而实喻，名之用也。累而成文，名之丽也。用丽俱得，谓之知名。名也者，所以期累实也。辞也者，兼异实之名以谕（依王念孙说）一意也。

荀子所说的“辞”是成片的语言，就是句子。“名”就是今天所说的词。“异实之名”就是不同内容的词。“辞也者兼异实之名以谕一意也”是说句子是用不同内容的词组织在一起来阐明一个思想和意志的。名主要是联系事物的。

所以他说“名也者所以期累（或作异）实也”。“期”当会通讲，也就是联系。因此，他说“名”有两个最重要作用：一个是“用”，什么是用？就是词义与声音的统一才完成名的用，所谓“名闻而实喻”。“闻”指名的声音形式，“实”是名所联系的客观对象指词义。另一个是“丽”，什么是丽？丽当附丽讲，就是名与名配合起来，组织起来。所以说“累而成文，名之丽也”。许慎认为“文字”是代表“名”的，“书”是写出来的“辞”，因有“文字”与“书”的界限。《正名篇》和《说文》都是在说明语言与语言材料是不能混同起来的。

《说文》书中说解这一部分，就是许慎研究语言文字的方法。说解中阐明了三个问题：一个是字形，一个是字义，一个是字音。更重要的是阐明了三者相互的密切联系。我们可以肯定的说，《说文解字》不是一部罗列词义的字典，也不是孤立地分析汉字结构的字形书。它首先对语言文字提供了研究方法。段玉裁说过：

> 周之字书，汉时存者，《史籀》十五篇。其体式大约同后代《三仓》。许所引《史篇》三：“姚”下，“匋”下，“奭”下。略如后代《仓颉传》，《仓颉故》，秦之《仓颉》《爰历》《博学》合为《仓颉篇》者，每章十五句，

每句四字。《训纂》《滂熹》同之。《凡将篇》每句七字。《急就》同之。其体例皆杂取需用之字，以文理编成有韵之句，与后世《千字文》无异。所谓杂厕也。识字者略识其字，而其形或讹，其音义皆有所未谛。虽有杨雄之《仓颉训纂》，杜林之《仓颉训纂》《仓颉故》，而散而释之，随字敷演，不得字形之本始，字音、字义之所以然。许君以为音生于义，义著于形。圣人之造字，有义以有音，有音以有形。学者之识字，必审形以知音，审音以知义。(《说文解字叙注》)

段氏说明许书非《三仓》《急就》之流，许书主要是阐明形体、意义、声音三者的相互关系。这一点就是许慎研究语言文字的重要方法。因此，我们读《说文》时首先要分析说解中“说形”“训义”和“释音”的三个部分。例如：

璊，玉䞓色也。从玉，㒼声。禾之赤苗谓之虋，言璊玉色如之。

“玉䞓色也”是训义的部分。“从玉㒼声”是说形的部分。“㒼声”“禾之赤苗谓之虋，言璊玉色如之”是释音的部分。说解中拿形体作为训义的根据，训义的内容必须与形体分析完全相符合。因而形义相依是许书中一个重要原则。后人也依据《说文》权衡“本义”和“假借”。段玉裁说：

> 许以形为主，因形以说音、说义。其所说义与他书绝不同者，他书多假借，则字多非本义，许惟就字说其本义。知何者为本义，乃知何者为假借，则本义乃假借之权衡也。(《说文解字注·卷十五下》)

“说字说义”是阐明本义的方法，盖形体与字义相互证应的是本义；形体不能与字义相互证应的是假借。也就是说能阐明形体结构的字义是本义，不能阐明形体结构的不是本义。这是《说文》解义说形的原则，所以说“许书之要，在明文字之本义而已”。[①]说解里“释音”的部分也不是孤立的，也要与形体字义有密切的联系。如“㒼声”是联系形体；“禾之赤苗谓之虋”是联系字义。㒼声是璊形的读音；“禾之赤苗谓之虋是璊训“玉䃂色”的根原。这是阐明“有义以有音，有音以有形”的原则。《说文》的释

① 江沅《说文解字注后叙》“许书之要，在明文字之书本义而已。”

音，还有用读若的方法。清张行孚曾作《说文读若考》[①]，分为二例：有读若本字而音义俱同者；有读若本字音同而义不同者。是说解中读若，也有时与形体字义互相联系的。一，是读若字与本字字义相同相近的，如，“亼读若集”，亼，三合也；集，群鸟在木上也；亼与集都是聚合的意思，而分别赋形。“祘，读若算”，“明视以筭之”，“读若筭”；“筭，长六寸，计历数者”；“祘”与“筭”都是对数目的明察，而一言其意，一言其具。这类的读若，可以说明形体繁衍的规律。二，读若之字与本字字义无关的，如“读若扣”的“敂”，击也；扣，牵马也。敂与扣字义不同，而《论语》“以杖扣其胫”则以扣代替敂。“敷读若杜”，闭也；杜，甘棠也。敷与杜字义不同，而《汉书》“杜门不出朝讲”则用杜为敷。这类的读若，可以说明汉字这个书写工具有依声托事的运用方法。由以上例证，可知说解中读若，有时也运用了声音与形体字义相互联系的方法。

《说文》的说解，以形体字义声音三者互相沟通方法来探赜古代的语言文字，开辟了一条研究语言文字的道路。但是也带来了不少的问题。第一个问题，就是拘泥本字本

---

① 见张行孚《说文发疑》。

义。文字是词的书写形式，这种书写形式和语言的“自然物质”，比较起来，毕竟是第二性的。但汉字的结构由于形象和偏旁，反映了一些词的意义。如果拿字形作为推寻词义的唯一方法，必至牵强附会，穿凿妄说，尤其是后来研究《说文》的人，有许多人拘守本字本义，拿《说文》当作教条。王念孙已斥驳其非，他说：

> 《说文》之训，首列制字之本义，而亦不废假借。凡言“一曰”及所引经，类多有之。盖以广异闻，备多识，而不限于一隅也。不明乎假借之指，则或据《说文》本字以改书传假借之字，或据《说文》引经假借之字以改经之本字，而训诂之学晦矣。（王念孙《说文解字注序》）

《说文》为了阐明本字本义的说法，有时也有分别过细和字义生僻的毛病。如“新”“旧”是两个最常用的字。而《说文》“新”训取木；“旧”训雖旧；旧，留也。拘守《说文》本字本义的人则认为“鱻”为“新”的本字，“朹”（读若旧）为“旧”的本字。又《说文》说解也有时为了阐明字义字形的关系而添语解义。如，玉部“璗，金之美者，与玉同色。从玉，汤声。”案《尔雅·释器》明言

"黄金谓之璗"，不知《说文》"与玉同色"之说何所依据？或许慎为了说明璗字从玉而臆造此说欤？其次，声音与意义的关系也不能把它看得太死，如果一定认为"义生于音""音必有义"也势必导致穿凿妄说，如艸部"芋，大菜。实根骇人故谓之芋也。"徐谐曰："芋犹言吁。吁，惊辞，故曰骇人。"这样穿凿附会，实在令人难以凭信。

《说文》又是一部完整的文字学专著，有许多独创性，也表现在它的编制体例上面。段玉裁说：

> 合所有之字，分别其部为五百四十。每部各建一首，而同首者则曰"凡某之属皆从某"。于是形立而音义易明。凡字必有所属之首。五百四十字可以统摄天下古今之字。此前古未有之书，许君之所独创。……颜黄门[①]曰："其书檃括有条例，剖析穷根原。不信其说，则冥冥不知一点一画有何意焉。"此最为知许者矣。(《说文解字叙注》)

《说文》五百四十部先后次第，许慎后叙谓"据形系联"，徐锴《说文解字系传》作"说文解字部序"，说明部首前

① 颜黄门是北齐颜之推，其说见于《颜氏家训·书证篇》。

后相承的意义。黄侃先生《说文略说》[1]说：

> 大氐以形相近为次，如“一”“上”“示”“三”“王”“玉”“珏”相次是也；亦有以义为次者，如“齿”“牙”相次是也，亦有无所蒙者，“冓”之后次以“幺”,“予”之后次以“放”是也。必以为皆有意，斯诬矣。

又说：

> 许书列字之次第，大氐先名后事，如玉部自璙以下，皆玉名也。自璧以下，皆玉器也。自瑳以下，皆玉事也。自玭以下，皆附于玉者也。殿之以灵，用玉者也。又或以声音为次，如示部“禛”“祯”“祇”“禔”相近；“祉”“福”“祐”“祺”相近；“祭”“祀”“祡”相近；“祝”“褶”相近。又或以义同异为次,如“祈”“祷”同训求,则最相近;“祸”训害，“祟”训祸，训相联，则最相近。大氐次字之法不外此三者也。

① 见1936年中央大学文艺丛刊。

《说文》是分部字书的创始者，开辟了用部首编字典的体例。但《说文》编制的方法，尚不够严密。大家知道，五百四十个部首并不是五百四十个不同的字，其中“鬲”与“䰜”、“自”与“白”、“人”与“儿”、“大”与“介”本是一字，只因字形各有所从，分成二部；与此相反，“育”从“𠫓”，“疏”从“㐬”，两字所从不同，而并在一部；“㣇”籀文作“𢑚”。部内的“𢑞”“𢑟”从㣇，“𢑠”“彙”从𢑚，也没分“㣇”“𢑚”为二部。至于文字分配各部，形声字是以偏旁从属，如“辨”在刀部，“瓣”在瓜部，是因辨字从刀辡声，瓣字从瓜辡声的缘故。准此，则辩字从言辡等，当入言部，而《说文》把辩入辡部。“枸”从木句声，入木部，而从竹句声的“笱”，从金句声的“鉤”，《说文》又不把笱鉤分属竹部金部，而并入句部。以上种种，都是为例不纯的毛病。总的说来，《说文》分部的编制虽不无条例可寻，但不能贯彻到底，检查起来，有些不便。古人所编“说文通检”亦不便初学。我们为了充分利用《说文》，实在有从新编制“索引”的必要。

三

汉朝统治者用孔子经典作为政治上统治的工具，许慎作《说文解字》又是为孔子经典服务的，但是我们不能简单地运用这一个推论，就把它一笔抹杀了。当然这部书里面不可免地宣扬了许多的封建糟粕，我们也必须要细致地精密地把全书研究一过，看一看这部书里面究竟有没有今天可以吸取的东西，有没有值得我们今天继承的。因为我国古代的遗产，糟粕与精华的分辨，是极其复杂的事情，既不能笼统地肯定和否定，也不能简单地一刀两断，哪一块是糟粕？哪一块是精华？糟粕与精华往往是处于"泾渭交融"的状态；有些东西，表面上看是糟粕，骨子里却包含着精华。因此，我们认为"剔其糟粕，取其精华"的过程，也就是缜密地科学分析的过程。不经过这样的艰苦劳动，有许多原是精华的东西，就难免被抛弃。我们对遗产的态度，它即便可能有许多局限性，但是产生这种局限性的原因，又往往为具体的历史条件所决定。我们也必须把这些问题彻底搞清楚。举个例子说吧，《说文》对"士"字的形曾作出这样一个解释，他说：

数始于一终于十，从一，从十。

这种荒谬绝伦的说法，我曾百思不得其解，既不见于经传，也不见于谶纬；难道是许慎臆造出来的吗？后来翻检道藏里收的《太平经》，才了解了他的依据。《太平经》是后汉道士干吉所宣传的神书。[①]《太平经·解师策书诀第五十》上头说过："吾字十一明为止……十一者，士也；明为止者，赤也。"又《分解本末法第五十三》说过："天数乃起于一，终于十。"后汉道家之说盛行，许慎采用其说，是当时社会的客观存在。我们研究一部著作，了解它当时的社会环境，对于这部书的了解是有帮助的。下面谈一谈我们今天怎样利用许慎的《说文解字》：

第一，六书之说。

用六书条例来分析汉字构造，在今天来说，还是适用的。"六书"首见于《周礼·地官·保氏》，六书的细目和内容，乃具备于《说文解字》中。汉人说六书的，尚有刘歆、郑众二家之说[②]。二家对六书细目的定名，与《说文》不尽相同，而《说文》对六书，立名分明易晓，定义简括，举例明显，所以后世一直沿袭承用《说文》的说法。《说文》所收集九千三百余文，都加以六书的分析，其于象形、会意、形声三书的结构分析较详，"指事"仅

---

① 《后汉书·襄楷传》："初，顺帝时，琅玡宫崇诣阙，上其师干吉于曲阳泉水上所得神书百七十卷，皆缥白素朱介青首朱目，号《太平清领书》。"此即太平经。

② 《汉书·艺文志》载刘歆之说曰："周官保氏，掌养国子，教之六书。谓象形、象事、象意、象声、转注、假借，造字之本也。"《周礼·保氏》郑众注云：六书，象形、会意、转注、处事、假借、谐声也。

在“上”“下”两字下特别注出，其余的指事字则用象某形来说明，是指事体制亦属于形象之事。转注与假借则间或有所说明。总之，“象形”“指事”“会意”“形声”说明汉字字形构造的形式；“转注”“假借”说明汉字发展的规律。后世对六书之说，虽然是聚讼纷纭，并不是完全否定了《说文》，而是从《说文》的说法向前推进。明确六书条例对于我们今天纠正错别字，研究汉字发展规律，是一件很重要的事情。

第二，古书的词义。

《说文》对字义的解释，有许多不是古书中一般常用的词义，甚至有些个别的解释简直令人惊奇（如“也”训女阴之类）。因此有人怀疑这部书对于我们读古书究竟有什么帮助。我们认为许慎作《说文》是为解决古书里词义问题的，但也是为了解决字形构造问题的。这就需要我们了解《说文》的字义是怎样规定的。《说文》对字义的规定，首先是依据六艺群书的成段文章，联系不同的上下文，做出细密的分析，同时《说文》还谨守解字义必先依据字形，“就形以说音义[①]”的原则，制定出形义相依的本义。这样，就造成《说文》字形过多字义过细的现象。例如，

① 见段玉裁《说文解字叙注》。

"祘"为计算之祘，"筭"为算具之筭，"算"为数数儿的"算"。这是因为经典用算有"计算""筹算""数算"(《论语》"何足算也"。郑注：算，数也)而分三字。又如，谓"馈"为饷活人，谓"餽"为祭死鬼；他是根据《论语》"馈孔子豚"，《战国策》"饮食餔餽"，所施不同，分为二字二义的。若此者甚众，由于分别过细，造成了字形繁多，字义烦琐的毛病。但是也有比较必要的区别，可以帮助我们能更确切地理解古书的。如《左传·僖公五年》："晋不可启，寇不可翫。"《左传·昭公元年》："主民翫岁而愒日。"《昭公二十年》："民狎而翫之"。《说文》分别为三字，翫部："翫，习厌也。"心部："忨，贪也。"玉部："玩，弄也。"(《说文》翫下引《春秋传》曰翫岁，忨下引《春秋传》曰忨岁。段玉裁谓忨当作《春秋国语》。)案翫为"习厌"就是苟安的意思，也就是麻痹大意。正可解"寇不可翫"；忨为贪恋，正是"翫日愒岁"之意。玩训弄，合乎"狎而翫之"之旨。又如，《左传·隐元年》："不义不昵，厚将崩。"《左传·昭公二十五年》："君若以社稷之故，私降昵宴。"《说文》把这两段不同上下文的"昵"字，分别为两个字：黍部："黏，黏也。从黍，日声。《春秋传》曰：'不义不黏。'"日部："暱，日近也。从日，匿声。《春秋传》曰：'私降暱燕。''昵'或从尼。"黏从黍，黍是禾属而黏的，故黏有胶合之义，也就是团结在一块儿，那么，没有义就不会团结，所以厚将崩。昵是日近，引申当近讲，“暱燕”是和亲近人的享乐，所以说君为了国家，自己减少和亲近人宴乐的事。我认为黏与昵虽然是义有相关，《说文》把它们加以区分，对古书语言的了解，则更可皎然。古文学家对《毛诗》《周礼》《左传》的语言，探研最详。所以说《说文》确实是读《毛诗》《左传》的一部重要参考书。

第三，古史材料。

近人用甲骨金文考证我国古代奴隶社会的制度，补古史的未详，在这方面是有很大的成绩的。但是《说文》里面的字形、字义，也有不少是反映了关于这方面的材料的。例如：

民，众萌也。从古文之象。[illegible]，古文民。案[illegible]象奴隶被缚束之形。其字从[illegible]，[illegible]说文以为古文女字，女就是古奴字。[illegible]表被束缚之状。《尚书·尧典》百姓与黎民有别，黎民是古代的奴隶。《逸周书·作雒》言“俘殷献民，迁于九里。”献民是亡国的俘虏。由是可知，古代的“民”是战争中战败被俘的人，战胜者把这些被俘的人用做奴隶。又如：

宀部，宰，罪人在屋下执事者。从宀，从辛。

辛，罪也。

顾炎武《日知录》曾以此批驳《说文》，谓："宰之解，不几于穿凿而远于理情乎？"其实是顾炎武未能远考，局限在"冢宰""宰相"的名称，不了解《说文》这个解释，确实是反映了古代社会制度。古代的"宰"是奴隶主家里执事的奴隶，民是在田地里生产的奴隶。《礼记·曲礼篇》："问大夫之富，曰：有宰？食力？"大夫是奴隶主，问他的财产时，就问他家里有多少奴隶，田地里有多少劳动的奴隶。《韩非子·说难》："伊尹为宰，百里奚为虏。……此二人者，皆圣人也。然犹不能无役身以进，如此其污也。""为宰"解为役身，说成是污，则宰本是贱职，宰是奴隶执贱职的意义更为明显。《说文》中所收的"字形""字义"有很丰富的古史资料，如"臣"的训牵，"侯"是射的，都可以帮助对古代制度的推原求变的探讨。

第四，古代文化知识。

许冲上书谈到《说文》这部书关于"天地""鬼神""山川""草木""鸟兽""昆虫"杂物""奇怪""王制""礼仪""世间人事"的知识，"莫不毕载"。照这样说来，《说文》的字形字义有极丰富的内容，涉及到的文化知识方面也极为广博。所以我们研究《说文》，不仅是单纯的语言文字问题，而且通过语言文字我们还可以了解些古代文化知识。例如，衣部：

> 襄，汉令："解衣耕谓之襄。"从衣，𤕦声。

"汉令"是汉代的律令，《说文》用"汉令"说解这个字，并不能指定这个字是汉人制造的。汉令的文字必有所承，许多的字并不是秦篆所有，而是来源于古文的。"襄"这个字就是古文。什么是"解衣耕"呢？"衣"并不是蔽人体所用的衣服之衣，而是土地的表皮。"解衣耕"是解除掉地面上的干土去播种。这是一种生产上的方法，是天旱土干不能下种子的时候，先除掉地面上的干土，然后下种子，再用土盖上来培植种子。这种耕种的方法，或即后来的墒。考先秦古籍用"襄"字，也反映了除土反土的动作。例如，《左传·定公十五年》：

> 葬定公。雨，不克襄事。

春秋时代，诸侯的葬制用"下棺"，只有周王的葬制是"隧葬"。"下棺"是先除土掘成坑，再下棺，然后反土掩埋。这段说葬鲁侯时，因为下雨，不能完成反土掩埋的事情，

以解《春秋》经“雨，不克葬”的具体事实。此虽不关生产，而“襄”是除土反土之动作很明显。古书中也用“襄”为除土义的。如，

墙有茨，不可襄也。

此有除土拔茨之义，至于“玁狁于襄”，则直训为铲除。

再举例说之。肉部：

臑，臂羊矢也。

“羊矢”这个名词，历代注《说文》的都不能说其意义。章炳麟先生在《小学答问》里根据医书《甲乙经》和《素问注》才阐明了这个词的意义。《甲乙经》云：“阴廉在羊矢下。”《素问·三部九候论注》云：“肝脉在毛际外，羊矢下一寸半陷中，五里之分，卧而取之。”是股内廉近阴处的肌肉叫“羊矢”，因为这块肌肉像羊的矢，所以叫“羊矢”。这是汉晋时代医学上对生理研究的术语，也成为汉晋人的常语。

举此二例，可以知道《说文解字》里是有非常丰富的内容的。《说文》里关于古代的土地制度，工农业生产的

知识，科学技术的成果，蕴藏着许多的重要资料，可以供我们推源寻本，探赜索隐，以便继承发展。

总起来说，《说文解字》这部书是我国语言学史上一部伟大的著作，但是由于作者的观点、方法和材料的局限，这部书也存在着不少缺点和问题。因此需要我们大家以严肃的“批判继承”精神，弃其糟粕，取其精华，使这部书成为我们一部有利的工具书。

汉字的产生和发展

一　汉字的产生

文字是标识语言的符号。语言的基本职能就是充当人们的交际工具，也就是在集体劳动中彼此交流思想、感情和经验的最主要的工具。但语言在交流活动中有一定的局限性，时间不能延长，空间难以传远，如果要打破这种局限性，就必须用语言符号——文字来记录语言，才能使之传播各地，流遗后世。许慎说“前人所以垂后，后人所以识古”，这就是文字的作用。

究竟汉族文字是什么时代产生的呢？根据旧日的传说，是“黄帝之史仓颉始制文字”。这当然只是一个神话性质的传说。

第一，文字决不是某一个人能创造出来的，而是广大劳动人民集体智慧的产物。战国时代的荀况，他在《正名篇》里首先提出词汇是“约定俗成”的观点，约定的“约”是界说，也就是词的义界，词义是通过概括而规定的，这就是“约定”。这种约定还必须通过社会群众的实践予以公认，这就是“俗成”。荀况对造字的看法，和词汇的创造一样，也主张是“约定俗成”的。他在《解蔽篇》里痛斥仓颉造字的说法，他说“好书者众矣”。好书者就是制造文字的人，众即群众。很明显说明制造文字不是某一个人能创始的。

第二，黄帝之史仓颉造字之说，出于《世本》，司马迁、班固、韦诞、宋忠皆用此说。但春秋战国的诸子也有不同的传说：慎到承认仓颉造字，但认为仓颉在庖牺之前(《尚书正义》引慎到说“仓颉在庖牺前”)。管仲则认为造字起于封禅制度（见《管子·封禅篇》)。可见对汉字产生的起源异说纷纭。

总之，用文字代替语言，主要是排除语言的局限性。以文字为民族语言的符号，必须规范划一，才可以通行全国，使无阻阂。要做到这一点，国家的建立，政权的统一，是非常必要的条件。大家知道，秦始皇统一天下，政权集中之后，首先用小篆、隶书为标准汉字，罢其不与秦文合者，齐一了书面语言。这在汉民族语言史上，是一个革新运动。秦始皇用政治力量，把方言复杂的中国，壤地佤离、语言不通的现状，用规范了的书面语言行之而无阂。这不仅是统一交际工具问题，并对中国统一政权也起了一定的作用。由此可以推想，黄帝之史仓颉的传说，同样反映了这样一个事实。根据中国传说，黄帝为华族的鼻祖，始一方夏。政权统一，肇自黄帝。因此后代认为从这时开始有了统一的书面语言——文字。再有，自有历史记载以来，同书文字，职在史官。《周礼·大行人》:“王之所以抚邦国诸侯者……九岁属瞽史谕书名。”依郑玄说，名就是文字。所以黄帝之史仓颉的传说，就是依据古史情况制造出来的。

二　汉字以前的符号

原始人类以猎食为生，在集体狩猎中开始了绘画艺术，在追踪禽兽时，逐渐有了符号的分辨。许慎在《说文解字叙》中曾说过:“见鸟兽蹄迒之迹，知分理之可相别异也。”古代猎食鸟兽，必须有辨识鸟兽足迹的知识，因为兽潜鸟骇，只有靠鸟兽在地上留下的蹄爪的印痕，才能追迹寻求，获得禽兽。这种鸟兽蹄迒之迹，是一种自然界中的点画符号。人们由此进而认识到用简单的点画符号，可以分辨不同的事物。所谓“分理”就是辨识兽迹的点画纹理，所谓

“别异”就是分别不同的东西（纹理分辨就是点画分辨）。

这个事实从汉字结构的含义里也可以证实。例如《说文解字》：“釆，辨。别也。象兽指爪分别也。读若辨。”许慎首先认为釆是辨的古字，又用“读若辨”来阐明它的发展。“别也”的别即分别，是讲釆的字义。“象兽指爪分别也”是分析釆的字形像兽指爪的印痕。“釆”怎么像兽指爪印痕？盖初以“⺌”摹绘印痕，但汉字力求结构上的整齐平匀，因而在“⺌”的形体内中间加上“十”变作“釆”。犹如米（米）字加“十”，也是为了整齐。由“釆”字可知，古人最初就是从兽指爪的印痕进而以点画符号作为分辨事物的标记的。这一事实还可以从“宷”“悉”“释”三个字来加以证实，这三个字都从釆，宷是明白，悉是了解，释是分析。这就说明，古人正是从鸟兽蹄远之迹而进一步创造了分辨不同事物的种种符号的。

下面谈谈我国古代创造的几种符号：

第一，彩陶文化是我国新石器时代的一种文化（又名“仰韶文化”，因为最初是 1921 年在河南渑池县仰韶村发掘的）。从西安北五里半坡村遗址发掘出的彩陶器上描绘着植物花纹的图案和动物的形象，有的还刻识着许多笔画简单的符号，已不能识辨它的意义。

第二，八卦相传是庖牺氏所制定的八种符号。这八种符号以⚊（阳爻）⚋（阴爻）为基础，错综为八个不同形状的符号，作为标识自然界、动植物和人体的标志。☰代表“天”“马”“首”，☷代表“地”“牛”“腹”，☵代表“水”“豕”“耳”，☲代表“火”“雉”“目”，☴代表“风”“鸡”“股”，☱代表“泽”“羊”“口”，☳代表“雷”“龙”“足”，☶代表“山”“狗”“手”。八卦也可以代表性质和动作，比如☰为健，☶为止之类。

第三，结绳。据《周易·系辞》说：“上古结绳而治，后世圣人易之以书契。”说明结绳是记录事情和经验的符号，《系辞》把结绳和文字联系起来，认为文字是结绳符号的发展。其实结绳只有数目记载。结绳的方式比较复杂，所结的绳很像渔网，是用横绳和纵绳交织在一起，结成不同形状的绳结，作为不同的符号（印第安人还保存了结绳的制度）。

以上举了三种不同的符号：“八卦”是分析自然现象的符号，“结绳”是记事的符号，至于彩陶上刻识的许多不同形状的符号，有人认为是具有文字性质的符号；甚至认为是中国文字的起源，即原始文字的遗迹。我不同意这种看法。文字是符号，但文字不是一般符号，而是“代替语言的符号”。正如汉字中有图画文字，但决不能把图画和文字等同起来。我们只能说图画和符号给文字的产生开辟了道路。

荀况在《正名篇》上说过："名闻而实喻，名之用也；累而成文，名之丽也；用丽俱得谓之知名。"又说过，"名也者，所以期累实也。辞也者，兼异实之名以谕一意者也。"荀子所说的"名"，就是语言学上所说的"词"，所说的"辞"就是"句子"。这是荀子论语言的术语。荀子的这段话是说：第一，名是用声音来表达的，也就是声音是它的物质外壳。所谓"名闻实喻"就是说名通过声音传达了思想感情，使人闻声以知意。第二，名不是孤立使用的，它必须通过语法组成为语言。丽是附丽，附丽的方法就是语法结构。第三，名与辞的对比。名反映了客观事物（实），所有的名（词汇）不过是累积许多事物，不能完成表达思想的任务，只不过是建筑语言的材料。辞才能构成语言，它是集合不同内容（异实）的名来表达和明确一个思想。例如"中国人民从来是勤劳的勇敢的。"这句话使我们明确了一个思想观点。这句话里的"中国""人民""从来""是""勤劳""勇敢""的"都是异实之名，集合异实之名才能表达思想。

文字既是代替语言的符号，首先是代替"声音"，而上面三种符号都不是表音符号。其次，汉字里有虚词、实词（汉字的词类，汉代人分为"词""事""名"。"词"包括叹词、语气词、连词以及副词；"事"包括动词、形容词；"名"即名词）。上面三种符号根本不存在语法的词类问题。再次，语言的词必须连贯起来，才能交流思想；文字必须连缀成文，才能表达意思。正如许慎在说明文与字之后，提出"著于竹帛者谓之书，书者如也"。"书"就是连贯而成的文章，文章才能如其意志地进行表达。上面三种符号都是孤立的标识，决不能连贯使用。因此，把符号和文字等同起来的观点是不对的。

三　汉字的历史发展

记录语文的汉字始于何时，今无所考。根据现在发掘的记录卜辞的汉字，只有三千五百年左右的历史。因此，只能讲三千多年的发展变化。

1. 甲骨文字

1899 年发现了记录卜辞的汉字，这些汉字刻在龟壳和兽骨上，出土的地点是河南省安阳县西北五里的小屯村，这儿被证明为殷商的首都。所以这种文字叫"卜辞""甲骨文字""契文""殷墟文字"。奴隶制的殷商王朝是十分迷信的，每事必卜。凡祭祀、战争、田猎、风雨、天象、农业丰歉、分娩男女以及病疫等都要通过占卜向上帝请命。甲骨上所记的都是占卜语言。自发掘出这种文字资料始，经过七十余年的搜集研究，发掘了数以万计的甲骨片，统计有四千左右不同字形的汉字，研究的结果，确定了一千五百左右字形的结构和音义，尚有两千余字不能辨识。殷商文字当然不限于卜辞上的文字，例如《尚书》里的《盘庚》《高宗肜日》是可信的殷商作品，今天只有从“汉隶”记录下来的东西，还没有发现殷商文字记录下来的典册。

2. 钟鼎文字

记录铭文的汉字叫“铭识”，这种文字是铸在青铜器的鼎彝上面的，所以叫“钟鼎文字”。古代称铜为金，所以又叫“金文”。青铜是铜加锡铸成的，青铜的鼎彝先用陶土做成模子，在模上雕刻花纹、款识（款：刻），然后把青铜的溶液倾注在模子里，制成鼎彝。殷商已有青铜器，但很少有铭识的文字。西周初年开始有长篇大作的铭识文字。如成王时代的令彝有一百八十七字；康王时代的大盂鼎有二百九十字；西周末年周宣王的毛公鼎竟长达四百九十九字。西周的青铜器主要是王室器皿，诸侯和王臣铸器的很少。东周以后，王室之器绝迹，差不多都是诸侯和王臣的器皿。许慎的《说文解字叙》中说：“郡国亦往往于山川得鼎彝，其铭即前代之古文，皆自相似。”据此，许慎已参考“钟鼎文字”。有人以为许书从无一字注明见于某彝器的，因而谓《说文解字》竟无“钟鼎文字”，这种说法也不完全正确。案“𤣩”（王）实根据铭文，仅注“古文”，大概有两个原因。其一，汉代出土的鼎彝很少，见于史书的，只有美阳、仲山父二鼎，当时拓墨的方法尚未发明，许慎未必能遍见，所以《说文解字》没有注出某彝器。其二，《说文解字》采用鼎彝必与“古文”相类似者，既以“古文”为主，则鼎彝可以略而不言。

3. 籀文

籀文是春秋时代的西方文字，也就是秦始皇前的秦国文字。旧传为周宣王时代太史籀所制定的文字，清代龚孝拱已辨其非（见《说文董理后编》）。汉代存有《史籀》十五篇，其体式大约与汉代的《仓颉篇》相同。这类书由章句组成，为学童识字的课本，皆为韵语，以便背诵。内容是叙述历史（《说文解字》“奭”字下说：“此燕召公名。《史篇》名丑。”），也有借字（《说文解字》“鼎”字下说：“籀文以为贞字。”）。全书十五篇，刘秀时亡佚六篇，许慎所见仅九篇。收入《说文解字》中。另外有《石鼓文》，唐初在天兴（今陕西省凤翔县）三畤原出土，是中国现存最早的刻石文字，在十块鼓形石上，用籀文分刻十首为一组的四言诗。近人考证为秦刻石，不过有秦文公、秦穆公、秦襄公、秦献公等不同时代的说法。还有《诅楚文》，也是籀文刻石，大约为秦惠文王诅咒楚怀王的文辞，也是用籀文写的。唐代先后在不同的地方出土。原石和拓本已不存，只有后来的翻刻本，其中以《绛帖》所收者为最全，约有三百四十八字。

4. 古文

春秋时代的东方文字，也有说古文是“六国文字”的。这种文字是文献上的文字。其中以孔子的《六经》为主，所以又名孔氏古文。秦始皇所焚的书籍，大部分是孔经，西汉王朝利用孔子思想巩固他的政治统治，首先是搜求孔经。惠帝时废除“挟书之律”以后，景帝时就开始搜求孔经。当时孔经有两种来源，一种是凭记忆靠背诵，口耳相传，汉初用汉隶记录成书，称为“今文”，如伏生能背诵《书经》，景帝派晁错记录成书；公羊高的《春秋公羊传》口授了五世，才用汉隶写成专书。另一种是从孔壁发掘的或私人隐藏的，这类书是用春秋时代的文字书写的叫古文孔经。据《汉书》《后汉书》的记载，共有五处：鲁恭王坏孔子壁发掘一大批古文经书；北平侯张苍献《春秋左氏传》；河间献王发掘的古文经书；鲁淹中出土的《礼古经》，鲁三老所献的《古孝经》。许慎以"古文"的字体作标准，他所收集的"古文"并不限于孔经，据全书所引有《山海经》《伊尹》《逸周书》《老子》《墨子》《管子》《春秋国语》《韩非子》《吕不韦》《师旷》《楚辞》《司马法》等先秦书籍，许慎皆谓之"古文"。实际"古文"就是秦始皇以前，除籀文外的东方文字，即由春秋沿袭下来的六国文字。

5. 小篆

秦始皇统一天下以后，首先把秦国籀文稍加省改，称为"小篆"。以这种文字为全国文字的规范，统一了表达语言的工具，使方言最复杂的中国，在书面语言上能够交流思想，对于发展文化起了很大的促进作用。《说文解字叙》说：

> 秦始皇初兼天下，丞相李斯乃奏同之，罢其不与秦文合者。斯作《仓颉篇》；中车府令赵高作《爰历篇》；太史令胡母敬作《博学篇》。皆取史籀大篆或颇省改。所谓"小篆"者也。

小篆是以籀文为依据的。所谓"或颇省改"是有的字稍加省和改。省是简化，如车字籀文作[illegible]，而小篆作車；如芥字籀文作[illegible]，而小篆作[illegible]。改是改变笔画，如[illegible]，篆文上；[illegible]，小篆从羔，从美，是必与籀文形体结构不同。秦始皇所规定的小篆大部分是沿袭籀文，因此称籀文为大篆，始皇规定的叫小篆。汉代初年闾里书师把《仓颉》《爰历》《博学》并为《仓颉篇》，去其重复字，以六十字为一章，共五十五章，是小篆共有三千三百字。从《说文解字叙》引"幼子承诏"，《尔雅》郭注引"考妣延年"，可知其书是四字为句。

总起来说，甲骨文字至钟鼎文字以及化分为籀文、古文，其形体结构虽有不同，究属是同一系统的文字。秦始皇又根据籀文制定小篆，也属于这一体系的汉字（秦并天下，罢其不与秦文合者，可见六国文字有与秦文合者，既言罢其不与秦文合者，也可知保留了与秦文合者）。

6. 隶书

隶书始于秦始皇时，而通行于两汉。隶书的产生和形成，在汉字发展史上标志着一个重要的转折点。在秦代的隶书，本来只是小篆简率的写法，今传世的秦二世诏权，与小篆差异不很大。到了汉代，经过书家的改变，脱离了籀篆体的写法，成为一种有艺术价值的字体。隶书是把小篆匀圆的线条，变成平直方正的笔画，于是点横撇捺形态多姿，不但打破了甲金籀篆的结构形式，而且奠定了楷书的基础，这对中国的书写艺术有很大的影响和作用。推求隶书的产生，盖有二因。首先，秦始皇统一中国，促进了社会向前发展，生产与百业俱兴，政治和文化并进，事务蓁繁，庶业萌生，这必然要求记录语言的工具适应社会的需要，在书写上能够急速简易。晋卫恒的《四体书势》上说："秦既用篆，奏事繁多，篆字难成，即令隶人（胥吏）佐书，曰隶书。"其次，书写工具的发展也促使书法发生变化。笔墨在秦以前就有了，《说文解字》："聿，所以书也。楚谓之聿，吴谓之不律，燕谓之弗。"又说："笔，秦谓之笔。"《诗经》有"女史彤管"（彤管，说者认为就是笔，笔可以佩，后世因有"簪笔"的事实）。《说文解字》："墨，书墨也。"到秦以后笔墨大有改进（汉有"居延笔"，其形制如今天的紫毫笔），因此字体必要变化。正如羊毫笔始于五代，而宋人书法也与唐人不同。隶书形成以后，又发展了草、楷、行书，都是隶书体系的衍进和发展。

7. 草书

《说文解字叙》："汉兴有草书。"草书有两种：汉兴的草书叫“章草”。章草是汉隶的草写，是由汉隶发展形成的一种具有艺术价值的汉字。笔画仍有隶书的波磔，每字独立不联写。汉人史游作《急就篇》，间以三言、四言、七言成句，就用的是章草字体，更使书写便捷。章草盛行于东汉，而后来的书家亦极爱之，所以流传到现代。临摹章草的人很多，最著名的，魏有钟繇，吴有皇象，晋有索靖。汉末的张芝又创造一种“大草”，又叫“狂草”，是草书中最豪放的一种体制。唐代张旭又有进一步发展，而怀素成为写狂草的名家，其笔势连绵回绕，字形变化繁多，为书法艺术创造了独特的风格。

8. 楷书

本名“今隶”，又名“真书”，汉以后以这种文字为书写的楷范，故叫“楷书”。楷书是由汉隶和章草形成的。笔画平直，形体方正。开端于汉末，盛行于魏晋南北朝、隋、唐、宋，一直通行到现在。

9. 行书

行书是介乎草书和楷书之间的一种字体。行书有两种，一种是楷法多于草法的叫“行楷”；一种是草法多于楷法的叫“行草”。行书始于楷书产生之后，魏晋南北朝书写家多用行楷，宋人书札多用行草。这种字体最切实用，书家亦爱写之，所以一直流行到现在。

四 汉字的特点

汉字是由形音义组合而成的文字。文字是标志语言的，语言的物质外壳是声音，可以说任何文字都是标音的符号。汉字虽保存一部分图画文字，而百分之九十左右是形声字。即或是图画文字实际也是标志语音的，不过，汉字在标志语音上有其独特之点，与拼音文字不同，略说如下：

第一，汉字是方块文字，绝大多数只代表一个完整音节。章炳麟有《一字重音说》（见《国故论衡》），举出周秦两汉时代一个字读两个音节的例证，其论虽确凿，但究竟是少数（现代汉语的字音，也有极个别的例外）。汉字既代表一个完整音节，就必须分析音素。古代只有以直音标音的方法，仍不能辨析音素。到了汉末，孙炎创《尔雅音义》才开始用“反切”的方法分析汉字的“声”“韵”。这种方法来源于印度的佛典。虽然“他山之石，可以为错”，但反切仍用汉字标识声韵，未造音符，拼读起来非常困难，这是一个很大的缺点。自从有反切以后，魏晋音韵学者把汉人所作古书的注释加上反切音读，可使字义更为明确。例如汉人服虔有《左传》的注解，并无注音。陆德明《经典释文》序例上说："汉人不作音（指反切），后人所托。"《隋志》有服虔《左传音》，《旧唐志》有服虔《左传音隐》，都是后人所作（如《说文音隐》作者不可知，决非许慎所作）。举数例证明如下：

《史记·晋世家》《索隐》引服虔音："辂，五稼反。"案这里的"五稼反"并非服虔所作。《索隐》所引来源于《左传·僖公十五年》"辂秦伯"的辂字的注音。《左传集解》在"辂秦伯"之下引服虔注："辂，迎也。"是服虔以辂为讶。《左传》杜预注与服虔同。可见服虔注中并无"五稼反"这个反切，而是在陆氏《释文》中注明"五稼反"的。足以证《索隐》所引"服虔音"只是为了说明这个辂字应依服虔读为迎讶之讶，而以陆氏反切注明服氏注。

《左传·成公二年》："且惧奔辟。"《释文》："辟音避，注同。徐，扶臂反。服氏，扶亦反。"由此可知服虔认为辟是"辟行人"之辟，故陆氏为之拟音，非服虔有读音。

《左传·襄公九年》："弃位而姣。"《正义》引服虔，"读姣为放效之效，言效小人为淫。"《释文》："姣，户交反。注同，徐，又如字，服氏同嵇叔夜，音效。"

嵇有《左传音》,嵇用服义,而《释文》不说“嵇同服”而云“服同嵇”。可见服无注音。

《左传·襄公二十五年》:“陪臣干掫。”《正义》引服虔,“一曰,干,捍也。”《释文》引徐云,“读曰扞,胡旦反;注同。服如字。”是服虔据《尔雅》“干,扞也”,干固如字,杜、徐则破干为扞,因读扞音。

《左传·襄公二十七年》:“公丧之,如税服终身。”《正义》引服虔说,“衰麻已除,日月已过,乃闻丧而服,是谓税服,服之轻者。”《释文》引徐云:“税读曰繐,音岁,注同。谓繐服也。服音吐外反。”案《丧服小记》有“税服”,郑玄读如“无礼则税”的税。服义同郑,音亦同。《释文》以吐外反可注明其训释。

《左传·昭公三年》:“其相胡公大姬。”《正义》引服虔注,“相,随也。”《释文》:“其相,息亮反;服,如字。”服训随,故“相”应如本音念平声;杜注训助,应读去声。

《左传·昭公十六年》:“几为之笑。”《释文》:“几为居岂反,数也。服音机,近也。”

由以上诸例,可知服虔本无《左传音》,实际是因汉字由于表义不同而音读有异,所以后人依服虔的注释,或用“反切”或用“直音”给它规定音读，便于读者因音知义，依义读音。不能谓服虔已经使用“反切”。

由此可见，方块式的汉字，由于音读隐晦，并且同一个字因义项不同而音读有异，所以使用汉字记录语言，必须再加一番注音的工作，不像拼音文字直接用声音记录语言那样方便。但是汉字不是拼音文字，不能直接标音，也有它的另一方面的优点。中国是个多方言的国家，一个广东省就分划为几个不同方言的区域，福建省方言更是复杂，有的百里之外就不能用语言交流。而用汉字书写的书面语言去交流思想却能行之而无阂。同一汉字，方言往往异其音读，而就是用方音去读汉字，其意义也都很清楚，同样地能起交流思想表达感情的作用。最重要的，用汉字写的书面语言，不独统一了汉民族语言，又团结了少数民族，对中国统一政权有着极大的推动作用。中国在古代已是方言歧出，其同一汉字而音读不同者往往可见。如《淮南子》有“元泽”，高注：“元读如常山人谓伯为元之元”；《汉书》有“昧蔡”，服注：“蔡读如楚言蔡”；《说文解字》：“蓄，沛人言若虘”；《释名》：“风，豫、司、兖、冀横口合唇言之，风，氾也。青、徐踧口开唇推气言之。风，放也。”此皆一个汉字随地异读之例。如果用拼音方法造字，就难以设想中国会有多少种不同的文字了。

第二，用汉字记录的书面语言，从字形结构上来了解词义是必要的，但是用汉字来记录语言，主要是记录语音。古人使用汉字的时候，决不可能处处都选用本字本义。所以我们应当记住“文字记录语言”这条原则，和“因声求义”是一条最重要的训释方法。汉代训诂学家注释古书时就大量应用“读音”，证明“同音代替”（通借）的方法。举郑玄注证述如下：

《诗经·东山》：“烝在栗薪。”郑笺：“古音声栗、裂同也。”“栗薪”就是“裂薪”，也就是劈柴。此以古音读解字义，说明栗为裂的借字。

《礼记·檀弓下》：“人喜则斯陶，陶斯咏，咏斯犹，犹斯舞。”郑玄注：“犹当为摇，声之误也。秦人犹、摇声相近。”

《礼记·郊特牲》：“汁献涚于盏酒。”郑玄注：“献读当为莎，齐语，声之误也。”

《礼记·中庸》：“武王缵大王、王季、文王之绪，壹戎衣而有天下。”郑玄注：“衣读如殷，声之误也。齐人言殷声如衣。”

上面所举的后三例证明古代有以方音记录语言的事实，因用了方音，所以没有用本义的字去写，郑玄认为“声之误”，就是没写正字而写成别字，这是由于要记录方音的缘故。清代训诂学者都喜欢用古音来证明汉字的“通借”和词义的转化。这都是为了摆脱汉字一形一音的束缚，避免“望文生训”的谬误，他们对古书语言的解释，超越了汉唐注家，在语言学上有很大贡献，其例举不胜举。

什么叫“望文生训”？就是不了解汉字记录语言的特点，不通晓汉字因声求义的法则，如《庄子·逍遥游》：“野马也，尘埃也，生物之以息相吹也。”晋人司马彪注说：“野马，天地间气，如野马之驰。”这个解释就是“望文生训”的例子。《庄子》“野马”的马字，实际是《楚辞》里“愈氛雾其如塺”的塺。王逸《楚辞章句》：“塺，尘也。”塺从麻声与马同音，用“马”代替了“塺”。《庄子》的意思是说鹏鸟高飞，看见许多生物在污浊尘土那里生存，所以用野马和尘埃的重复语加重形容和描写那种环境。司马彪却在马字上打主意，造成了错误。

又如打了败仗叫“败绩”，《左传》说“大崩曰败绩”。若从字面上推求“绩”字很难理解。要了解“败绩”的词义，首先要知道春秋时代战争使用车战，战士、将帅都在车上作战，步卒不过是保护战车的。车的行动必须循着轨道前进。车轨也叫辙，如《淮南子·道应训》就是用“绝尘弭辙”来形容车跑得迅速。其实绩字就是车辙。魏《三体石经》败绩的“绩”，古文作[illegible]。[illegible]即迹字。车迹就是车辙，车行于迹才能行动，才能进退周旋，车坏了迹实际代表车的崩陷翻覆。《左传·襄公三十二年》：“譬如田猎，射御贯，则能获禽。若未尝登车射猎，则败绩，厌覆是惧，何暇思获。”这里的败绩，仅指马仰人翻，无关于战争。《离骚》：“恐皇舆之败绩。”也不是说战争。又如“乘丘之役”，鲁国是战胜国。《礼记·檀弓上》记载这件事的开始时说道：“鲁庄公及宋人战于乘丘，县贲父御，卜国为右。马惊败绩，公队。佐车授绥。公曰：‘末之，卜也。’县贲父曰：‘他日不败绩而今败绩，是无勇也。’遂死之。”这里也指车翻，所以御者要负其责。车战是以车决胜负，马倒车覆，才算最大的败仗。

由上面这些证例，说明汉字记录语言主要是标志音节，就拿最常用的“新”“旧”两个字也只是标音符号。因为从字形的结构上，“新”是砍柴，“旧”是鸟名（见《说文解字》)。如果不明确使用汉字记录语言这个特点，就会造成某些错误。像唐代诗人王维的作品里有《老将行》一首乐府，其中有两句是：“昔时飞雀无全目，今日垂杨生左肘。”左肘上长出一棵垂杨树，简直莫名其妙。其实他是根据《庄子·至乐篇》来写的。《至乐篇》的原文是“俄而柳生其左肘，其间蹶蹶然恶之。”但王维不知道《至乐篇》用的“柳”字是“瘤”字的借字，所以把“柳”改为“垂杨”，因而出了错误。

我们上推到甲文记录“卜辞”，金文记录“铭识”，也有这类现象。例如盄和钟的铭文：

[illegible]

此钟彝载于宋代薛尚功《历代钟鼎款识法帖》。自宋人刘原父等到清人解释钟鼎文字的皆认为是：“朕皇祖受天命奄有下国。”这里把“[illegible]”释为“奄”是毫无根据的，不过是从上下文挤出来的字，正与《诗经》的“奄有龟蒙”句形相类。按应公鼎有奄字作“[illegible]”“[illegible]”，与《说文解字》“[illegible]”相同（《说文解字》申字也作“[illegible]”，谓籀文申），而与[illegible]绝无相似之处。[illegible]字以上从[illegible]（穴），下从[illegible]，即黽字。《说文解字》籀文黽作[illegible]，小篆省变为[illegible]，笔势非常明显。[illegible]即竈（“灶”的繁体）字，无容置疑。《周礼》“造士”，《周礼故书》作竈，竈即造的借字。《广雅·释诂》：“造，始也。”则“竈有下国”就是始有下国的意思。

五 汉字对我国少数民族的影响

汉字对毗邻国家的影响，可以存而不论。专就历史上我国少数民族用汉字作符号拼写其语言的来说，则有“西夏文字”和“女真文字”。

西夏是中国西北少数民族之一。在宋代，党项族建立了“大夏”，宋人谓之“西夏”，建都于兴庆府（今宁夏银川东南），封建割据于一方，它占领了今宁夏、陕北、青海东北部和内蒙古一部分。在宋代，西夏与辽、金先后在北部割据。西夏的生产、手工业都非常发达，文化受汉族影响很深，并由中国传入了佛学。流传的西夏文字是以汉字为音符而拼写的西夏语言。在1094年（宋哲宗绍圣元年）有《凉州感应塔碑》，碑文一面是用汉字书写的，一面是用西夏文字写的。1190年（南宋光宗绍熙元年）有《蕃汉合时掌中珠》一书，是用西夏文字与汉字对应的工具书。由此可以知道西夏文字深受汉字的影响。

女真族是中国东北少数民族之一。最早见于五代时（十世纪初），分布在松花江、黑龙江下游，东达日本海。北宋末，阿骨打统一了女真各部，以封建割据建立金国（公元1115—1234年），侵入中原。女真族的文化是受汉族影响的，女真文字也是用汉字偏旁作标音符号拼写的。女真文的资料比较少，有《宴台碑》。明代慎燮赏著有《四夷广记》，记录女真文字，并作了解释。可见明代中叶还有懂女真文字的。金亡灭以后，一部分女真族人流于中原已为汉族同化，另一部分女真人逃回东北。到了明末努尔哈赤集聚了女真各部，作为主要组成部分合并其他部族建立满族。当时女真文字久已绝灭，努尔哈赤时没有文字，他儿子继位后，有个大臣叫达海，他开始用蒙古字母（蒙古有两种文字：一种是用回鹘文的字母加以改变成为直写右行的蒙文；一种是“巴斯巴特”，用梵文拼音，也叫“巴斯巴文”。满文采用的是前一种蒙文）拼写满洲语言，满洲人称达海叫“把克什”。（把克什是蒙语，汉语早已吸收作“把势”。明代小说《西游记》已屡见这个词，如“把势妖精雏儿妖精”等等，不过汉语当技术人员讲，而满语则为“圣人”“贤哲”的称号。所以清代皇室称教汉语的教师叫师傅，教满语蒙语的教师叫“把势”，仍沿袭达海的称号）

汉语汉字也吸收了少数民族的语言和文字。例如蒙语的“卡伦”和“站赤”，见于《三朝北盟会编》和《尼布楚条约》。卡伦就是小的关津要塞，汉语的“关卡”和“卡子”就是吸收蒙古语。“站赤”指交通汇集的地方。汉语的“车站”即是由蒙古语变成的。

汉字里也有由蒙古字母变化而来的。例如“好歹”的歹字始见于《元曲》;“歹人”这个词在《水浒传》里屡次出现。据《所南心史》说：歹人之词出于蒙语，并用蒙语的第一个字母作为汉字。汉字本有“歺”字,《说文解字》作“𣦵”，训为“列骨之残也。读若蘖（niè）岸之蘖。”凡列、残、殀、殊、殖等字从之，而与“歹（dǎi）人”“为非作歹”毫无关系，是汉字采蒙文字形的佐证。

我所见到的黄季刚先生

黄季刚先生是我国近代著名的国学大师。他和他的老师章太炎曾被共称为“乾嘉以来小学的集大成者”，称为“传统语言文字学的承前启后人”。他的名字是与中国传统语言文字学分不开的。但是，季刚先生的学术思想和学术成就常常不易被现代的人准确理解，甚至40岁以下的中青年语文工作者，有些已不太熟悉他的名字。这与他从事了几十年的语言文字学的教学工作却很少有成形的著作这一点是有关系的。

季刚先生确实很少有成形的著作。现在刚刚重印的《黄侃论学杂著》和前些年出版的《文心雕龙札记》都仅仅是他早年在北大和武昌高等师范讲课的讲义。他去世后，南京中央大学《文艺丛刊》想印些他的遗著，但是找不到，便把这部分讲义刊印了。这些都不是他的代表作，他的较成熟的著述都还没有来得及写出。在我跟随他学习的那些年月里，他常常告诫我，也告诫他的其他学生，一定要把《说文》《尔雅》《广韵》等小学专著研深研熟，而且要把古代文献材料工作做好，50岁前不要忙着写书。他自己也是这样身体力行的。季刚先生博览群书，对中国古代近一百种文献逐一钻研。他读书必动笔，从句读这一最基本的工作做起，同时进行刊正、批注、评点和集中有关材料的工作。每本经他读过的书都从头到尾充满了眉批、旁注和各种符号。这些都是他为以后系统著述所做的资料准备。但不幸的是，他在自己规定的写书年岁的前一年——也就是他49岁的那一年竟早亡了。因此，他不仅没有来得及把自己曾作出的一些结论（包括设想）系统反映在自己的著述中，就是有些已被人熟知的学术论点，很多也还没有来得及完整、系统地作出见于文字的论证，只是靠教学中口耳相传被保留了下来。

季刚先生的学术成就不易被理解，也与中国传统语言文字学的整理、介绍和普及的工作做得不够有关系。中国的传统语言文字学，也就是文献语言学，是与经学、考据学等学问关系至为密切的。它作为阅读古代文献的工具，自然与古代文献的内容无法截然分开。因此，在极“左”思潮浸入各个学术领域的时期，进行这方面的整理、介绍工作，极易蒙上“复古”“借古讽今”“宣传封建思想”……之嫌，就连高等院校中文系里，这方面的课程也被一度取消，更不要说范围较广的普及工作了。所以，除了其中的音韵学由于抽象和概括的程度较大，近年来又在国外普通语音学的推动下进展较快以外，其他两个部分——文字学和训诂学，都处在进展迟缓和后继无人的状况。不只是黄季刚先生，还有很多近代小学家的成就，没有受到应有的重视。许多对发展现代语言科学有益并且在今天还有应用价值的遗产，也没有被完整地继承下来。现代科学的发展很需要从古代继承有用的东西，因而很多社会科学和自然科学部门，如中国古代史、各门类的科学史、考古学、中医学、地理学、古生物学……存在着阅读古代文献的问题，需要借助文献语言学的帮助。同时，现代语言科学的发展也需要从自己本民族的研究成果中接受资料、吸取经验、寻求方法和继承一切已被实践证明了是正确的结论。因此，文献语言学不但没有“终结”，相反还有很宽广的发展前途。今天纪念季刚先生，我想，应当使文献语言学的整理、介绍、普及、应用工作得到推广，让它在祖国四个现代化的建设中发挥应有的作用。

在纪念黄季刚先生的时候，我想谈谈在跟他学习的十几年里，对他的治学态度、治学方法和学术成就的一些体会。

季刚先生在他的那个时代所以能成为“乾嘉以来小学的集大成者”，是和他重视继承又不忘发展的治学态度分不开的。他从来是尊重师说而又不拘泥于师说的。他有两个老师，就是章太炎和刘师培。季刚先生在 1905 年游学日本。第二年，太炎先生也到了日本。于是，季刚先生就多次登门谒见太炎先生求业。有一次，太炎先生见到季刚先生一篇文章，十分赞赏，有心授业。所以，当季刚先生 1907 年归国省亲之前，太炎先生就对他说：“回国后，你可拜孙仲容（诒让）为师，如仍回日本，就从我学习吧！”季刚先生当时就决定跟从太炎先生，当天就备礼叩头拜师。由国内二次去日本后，便亲从太炎先生学习，追随至密。他与太炎先生师生之谊极笃，当太炎先生因革命活动被软禁在北京钱粮胡同时，季刚先生不惧危险，也搬了进去，两个人日夜读书论学，更加深了相互的了解。章与黄的学术活动与革命活动都是密切相关的，所以后世“章黄”并称。季刚先生的另一个老师刘师培，是他在太炎先生家中认识的。有一次，季刚先生去刘师培家，见刘先生正与一位北大学生对话，而对学生提出的问题多所支吾。学生离去后，季刚先生便问他为什么不认真回答问题。刘先生说：“他不是可教的学生。”随后，他便感叹起“四世传经，不意及身而斩”的遗憾来。季刚先生说：“您想收什么样的学生呢？”刘先生抚着他的肩膀说：“像你这样足矣！”季刚先生并不以此为戏言，第二天果然正式去拜老师，登门受业。当时许多人都很奇怪：黄比刘年龄只小一年零三个月。二人在学界也是齐名的，甚至不少人认为在小学上黄甚于刘。但季刚先生却常说他受益于刘先生颇多。在他为刘先生写的祭文中，也有过“夙好文字，经术诚疏，自值夫子，始辨津途”的话语。从文献阅读的角度说，小学是经学的工具；而从语言文字研究的角度讲，经学又是小学的材料。季刚先生如此重视经学，是很有道理的。

季刚先生对章、刘二位老师都是十分钦佩、恭敬的，但他并不是亦步亦趋地完全模仿老师，而是追随着科学的新发展前进的。比如，太炎先生在治文字学时是不信金文、甲骨的，他在《理惑篇》里曾公开阐明过这一观点。但季刚先生却积极研究金文、甲骨，主张以《说文》为纽带来研究金文、甲骨，也主张用甲骨钟鼎来驳正《说文》。1932 年 6 月，他在给我的信中谈到治文字学的方法时说：

所言治文字学，私意宜分三期：一即古籀文，下至唐世所云文字学；二则宋世薛、吕、欧、赵、洪、三王、张之书；三乃近代钟鼎甲骨之学耳。

又在给徐行可的信中说：

> 近日闲居深念，平生虽好许书，而于数百年所出之古文字所见未宏。夫山川鼎彝，洨长所信。今不信其所信，徒执木版传刻之篆书，以为足以羽翼《说文》，抑何隘耶？……洨长之书，岂非要籍，枣木传刻，盖已失真。是用勤探金石之书，冀获壤流之助。近世洹上发得古龟，断缺之余，亦有瑰宝，惜搜寻未遍，难以详言，倘于此追索变易之情，以正谬悠之说，实所愿也。

在季刚先生批注过的《说文》上，几乎每页都有用金文、甲骨对照《说文》之处。这使他的《说文》之学创出了新路，有了前人所不能有的成就。（近代研究文字学的学者，有人以为季刚先生“不以甲骨文为然”，实属误解）又比如，太炎先生的《文始》，是一部汉字字源学（也是语源学）的创始工作。这部书对从汉代就被注意的“音近义通”现象进行了系统的探讨和证实，对清代以来广泛运用的“因声求义”的训诂方法进行了理论的解释。从季刚先生的《国故论衡赞》和《小学略说》中可以看出，《文始》是他建议太炎先生作的。太炎先生在《题梦谒母坟图记之后》一文（载日本出版的《学林》第二册）中曾说季刚先生“虽以师礼事余，转相启发者多矣”。《文始》即是一例。但是季刚先生对《文始》一书并不全然赞同，对其中的不少条都从声或义上进行了反驳，并在《文始》的基础上提出过探求汉字字源的更为精密的方法。

季刚先生对师说的态度是既吸取又发展的，对其他人的学术成就也都乐于吸取。他从沈阳回到北京，当晚就让他儿子手提灯笼陪着他到我家中，十分兴奋地对我说：“我在东北见到曾运乾先生，与他深谈两夜。他考定的古声纽中，‘喻’纽四等古归‘定’纽，‘喻’纽三等古归‘匣’纽。是很正确的，我的‘十九纽’说应当吸收这一点。他也曾告诉过我，他的古韵二十八部是综合乾嘉各派之说而立的，并无自己的发明。而他的古声十九纽则是本邹汉勋‘五韵论’之说。”（邹在《五韵论》中列出了十九纽的证明若干条，可惜只有题目，正文佚遗。）

季刚先生善于从各方面吸取新东西，同时，对自己的研究成果也不断充实、改正。他虽已成为一位国学大师，却时时从最基础的工作上留意，甚至一个小小的句读，只要一经发现失误，总是立即纠正。比如，1932 年 6 月，他在给我的信上说：“侃所点书，句读颇有误处，望随时改正。即如《洛诰》‘今王即命（逗）曰（逗）记功（句）

宗以功（逗）作元犯（句）’，此在丛刊本《尚书》断句尚不误，而侃前竟误读以‘记功宗’为句，虽有所本，要不合于注疏也。”唯其有了这种治学态度，他才能广为继承前人，博于吸取时人，不断订正自己，从而集其大成，并谋取发展。

季刚先生在治学方法上最大的特点是坚持从客观材料出发而不是从理论到理论的空谈。这也是中国传统语言学一贯的优良学风。他在世时曾对我多次强调，搞小学一定要有深厚的文献语言做基础。只有材料精确、完整，结论才有正确的可能。所以他阅读文献资料一定从第一个字研究到最后一个字，绝不中途而止。他最反对那种翻上一部分材料就忙于做结论、写文章的作风，也最反对那种他称之为“煞书头”的读书方法，他虽然不忙于写书，但为写书而做的资料工作却是一刻也没有停止过的。他生活虽很洒脱，读书却十分勤苦。在我和他相处的那些日子里，他常与我用闲谈的方式论学，大半都在夜间十一二点后我才离去。第二天早上，我准时八点前去，他的桌上已有厚厚的几卷书全部细细地批点过了。因此我总觉得他晚上是不睡觉的。如今他的藏书大部分散失了，留下的一些书上，都记着他自己的许多很有价值的观点、意见。这些书经武汉大学黄焯教授整理了一部分。只是在那些书上有一部分符号，是准备将来著书时集中材料而用的，因而未加说明，现在整理就要花很大的功夫了。

季刚先生对古汉语文献材料的熟悉、精通是惊人的。从九经三传等等大量的材料出发，他作出了不少科学的结论。虽然在他的时代，语言文字学的方法尚未臻于现代化，是很笨重的，他的一些设想并未全部在当时得到证明，但是后代的科学研究所证实了的东西，又进一步说明了季刚先生从第一手材料中得出的设想有相当的可靠性。这里，我想起一件事情：1928 年夏天，我在南京季刚先生家里讨论古韵分部。他对我说："我的古韵二十八部仅仅是综合乾嘉古韵学家之说，不是我的发明。我自己对古韵分部倒有一个设想，就是'覃''添''合''帖'四部应当离析为'覃''谈''添''合''盍''帖'六部。可惜这些部字数太少，用《诗经》押韵无法证明，希望将来能有更新的方法来证明它。"时隔几十年，俞敏教授用汉藏比较和梵汉对音的方法，确实证明了闭口韵应析为六部，与季刚先生的结论是一致的。这件事使我感到占有第一手材料和运用科学的方法两者结合的重要性。如果缺乏第一手材料，靠着字典或搜寻几个零星例句来作学问，势必发空论、做科学八股，甚至导致结论的失误，而如果没有科学的方法，很多设想虽因来自客观材料而比较可靠，却难以上升到理性认识，难以得到有说服力的证明。

季刚先生是一个才华横溢的人。他的文思敏捷过人，凡领教过的人都为之惊愕。我在这里举几件事情。记得有一次，有人请他代写一篇碑文，约好五天来取，他却到第四天尚未动笔。直到第五天，取文的人来了，他才研墨铺纸，吩咐为他打格。格打好了，他提笔一挥，连上下款带正文，刚好写到最后一格，一字不差。还有一次，中国大学哲学系教授陈映璜拿来一幅扇面，请季刚先生赐一首诗。当时他的长子黄念华因肺病刚刚去世，自己又在师范大学受到排挤，时有所感，挥笔成韵，一气呵成五言排律一首，又是刚好写到扇面最后止笔。这首诗我至今还记得：

故里成荒楚，微生任转蓬。
无心来冀北，何意适辽东。
豺构王犹叹，麟伤孔亦穷。
望思新恨结，行迈旧忧重。
身世黄尘内，关山夕照中。
青山萦旅梦，华发对西风。
哭彼唐生拙，遥怜赵至工。
雄心如未戢，且复问昭融。

又有一次，他的一位老学生到南方看望他，季刚先生很想留他多住几天，便应允为他亲笔批点一部《文选》。书买来后，季刚先生每晚详批，同时让侄儿黄焯往另一部书上过录。十几天后，他竟把那么大的一部《文选》批点完了。后来，黄焯先生告诉我："不知先叔怎么会那样快，我抄录都赶不上他的速度。"季刚先生的才华加上他的勤勉，恐怕是他多所成就的内在原因了。我因此常想：比起季刚先生来，像我这样的不敏之人，恐怕更应以勤补拙了。

黄季刚先生的学术成就很多，而且有他的特点，这里，仅就他在传统语言文字学方面的成就略做介绍：

第一，他在清人小学的基础上，对文字、音韵、训诂三个学术部门做了进一步的总结，使它们更系统化、理论化。他做出了古韵廿八部和古音十九纽的结论，指出这些结论与等韵的研究切合之处。古韵廿八部使阴阳二声之对转、阳入二声之收尾严密就范，十九纽则使古双声有了定则，都可以说是集古音学之大成的。他在金文、甲骨的对照下，对《说文》所记载的形、音、义统一的文字系统做了驳正和更深入的研究，使这部文献语言学的名著发挥了更大的作用。他对《尔雅》的同义训释做了精密的分析，并进一步补充了章太炎首创的语源研究，还对古音假借现象做出了严格而适用的定则，使训诂学有了进一步的发展。

他在文字、音韵、训诂上的各种结论都是相互联系的，是对前人研究成果的总结，因而也是较为全面而有系统的。

第二，他对传统语言学的研究是以训诂为中心的。文字和音韵仅是他研究训诂的工具。词义的发展是语言发展的一个内在的主要推动力，词义也是文献语言学研究的落脚点，所以以训诂为中心来带动其他两个部门的研究是抓住了要害的。季刚先生把训诂学的原理科学化，并且准备形成一个从传统训诂学中总结出的系统的文献词义学。这部分工作虽然没有来得及完成，但从他所做的资料准备中，还可以看出他的学术见解和观点。

第三，季刚先生扩大了训诂研究的范围，不但在经学的基础上发展小学，而且在文学的基础上充实小学。他精研《文心雕龙》，熟知中国古代的文艺理论；他很早就专攻“选学”，对一部《文选》反复研读；他自己诗词歌赋无不精通，精心与随意之作都很不少。这就使得他的训诂学不但有经史著作为根底，而且有大量的文学语言作参证。章太炎先生曾评价他的文学说：“若其精通练要之学，幼眇安雅之辞，并世固难其比。”他之所以能突破前人已成的结论，提出新的见解，走出新的路子来，这也是一个很重要的原因。

第四，在这里，我们还不得不提到季刚先生在训诂实践上所作出的卓越成绩。他是一位卓有成效的训诂大师，做出了很多疑难词义的探求和训释工作，使不少前人未能正确理解的字词篇章得到了解释，救活了不少极有价值的文史资料。比如《奏弹刘整》一文，前半段是当时的讼词，李善和五臣的《文选注》都未得解释，历来无人读懂。季刚先生却做出了完整、详尽的训释。季刚先生由于博通经史，熟读诸子，谙习诗词，又有一套系统的训诂方法，所以解决疑难问题的能力是惊人的。有一次，一位叫戴明扬的同学注释《嵇康集》，其中有“交赊相倾”一语，历来无人讲清。戴请教多人，都未得到解释，便让我引见他去求教季刚先生。季刚先生立即找出证据，说明“交赊”是六朝语，义即“远近”，戴明扬惊服而去。日本汉学家吉川幸次郎，曾在《制言》半月刊第五期上发表《致潘景正先生函》，其中谈到向季刚先生质疑一事说：

> ……谈次，幸次郎辄质之曰：“《穀梁释文》两云‘释旧作某’，何谓也？”公即应之曰：“此宋时校者之词，非陆本文。释旧作某者，《释文》旧本作某云尔。”幸次郎蓄此疑有年，问之北士，皆未之省。得公此解乃可涣然。于此弥益叹服，即有从游之志。第以瓜期已促，弗克如愿。

吉川幸次郎于今年四月故去，生前一直为季刚先生亡故而未能拜之为师十分悲痛遗憾。季刚先生所以驰名中外，在学术上有极高的威望，是与他能够运用自己的学问解决诸多疑难问题分不开的。不能解决实际问题的理论是不足信的。季刚先生训诂实践的成功，本身就证明了他的训诂理论和方法的可贵价值。

季刚先生的学术成就很多。自然在他那个时代，以他个人的学术能力来说，也必然有一定的局限。但是，作为近代文献语言学的一个重要学派的代表人物，他的功绩却是不可磨灭的。

叶圣陶先生在北京市语言学会成立大会上提出“搞语言学要中西结合”的问题，是提得很中肯的。今后，语言科学的发展既要注意吸收外国的研究成果，也要重视继承本国的优秀遗产。今天纪念黄季刚先生，我特别提到我国的传统语言文字学，也就是文献语言学，希望能有更多的人来重视它、介绍它、整理它、发展它。作为季刚先生的学生，我更要学习季刚先生缜密严谨的治学态度和重视客观材料的科学方法，为发展我国的语言文学和促进我国的语文教育多做一点事情。

编后记

《训诂浅谈》是陆宗达先生写于20世纪60年代的一本普及训诂学知识的小书，曾收入吴晗主编的“语文小丛书”，由北京出版社出版。后来，作者在本书的基础上扩充成《训诂简论》，仍由北京出版社出版。

当我们为“语文教师小丛书”选择普及训诂学的著作时，特向陆宗达先生之孙陆昕先生请教。陆昕先生向我们推荐了这本《训诂浅谈》。他认为，《浅谈》要言不烦，囊括训诂学的基本知识、基本方法，所举例证简明恰切，极具代表性，因其篇幅短小，内容精练，所以更加通俗易懂，适合作为向语文教师普及训诂学基本知识的读物。

陆昕先生提供了北京师范大学出版社1996年出版的《陆宗达语言学论文集》一书作为排印底本，然而，此版本错讹颇多，在编辑过程中，我们参照1964年版《训诂浅谈》做了校订，并请语文出版社编审南宝顺先生审读了校样，订正了底本中的引文、字形等错误。限于编辑水平，其他错误在所难免，望读者指正。

我们将作者专门针对中学语文教学撰写的两篇文章——《学点训诂》《谈中学语文教学中的训诂问题》作为序言。我们还选择了五篇文章作为附录，以丰富本书的内容。

本次出版，承蒙陆昕先生授权，谨致谢忱。